云南省哲学社会科学学术著作出版资助项目

# 中国税制结构对扩大消费的影响研究

黄丽君 著

中国社会科学出版社

**图书在版编目（CIP）数据**

中国税制结构对扩大消费的影响研究/黄丽君著 . ——
北京：中国社会科学出版社，2017.10
ISBN 978 - 7 - 5203 - 1003 - 1

Ⅰ . ①中…　Ⅱ . ①黄…　Ⅲ . ①税收制度—影响—
消费水平—研究—中国　Ⅳ . ①F126.1

中国版本图书馆 CIP 数据核字 ( 2017 ) 第 224737 号

| | | |
|---|---|---|
| 出 版 人 | 赵剑英 |
| 责任编辑 | 卢小生 |
| 责任校对 | 周晓东 |
| 责任印制 | 王　超 |

| | | |
|---|---|---|
| 出　　版 | 中国社会科学出版社 |
| 社　　址 | 北京鼓楼西大街甲 158 号 |
| 邮　　编 | 100720 |
| 网　　址 | http：//www. csspw. cn |
| 发 行 部 | 010 - 84083685 |
| 门 市 部 | 010 - 84029450 |
| 经　　销 | 新华书店及其他书店 |

| | | |
|---|---|---|
| 印　　刷 | 北京明恒达印务有限公司 |
| 装　　订 | 廊坊市广阳区广增装订厂 |
| 版　　次 | 2017 年 10 月第 1 版 |
| 印　　次 | 2017 年 10 月第 1 次印刷 |

| | | |
|---|---|---|
| 开　　本 | 710 × 1000　1/16 |
| 印　　张 | 12.5 |
| 插　　页 | 2 |
| 字　　数 | 186 千字 |
| 定　　价 | 55.00 元 |

# 序 言

得悉我的博士生黄丽君即将在中国社会科学出版社出版她的博士学位论文《中国税制结构对扩大消费的影响研究》，作为她的博士生导师，我甚感欣慰，援笔作序，以示鼓励。

1994年，我国进行了一次大规模的、影响深远的税制改革，确定了我国目前以流转税和所得税为主体的"双主体"税制结构，但在具体的税收实践中，我国的税制结构实际上长期是"单主体"模式，流转税在税收收入中长期独占鳌头，所得税的地位始终未能有效提升，从而使整个税制收入功能强大，调节功能弱小。当前，我国正处在新一轮财税体制改革的关口，党的十八届三中全会通过的《深化财税体制改革总体方案》对此进行了系统的部署，包括税制改革在内的各项财税改革措施正稳步推进。我国"十三五"规划也进一步明确指出，深化推进税制改革，应"按照优化税制结构、稳定宏观税负、推进依法治税的要求全面落实税收法定原则，建立税种科学、结构优化、法律健全、规范公平、征管高效的现代税收制度，逐步提高直接税比重"，决策层对税制建设再次明确了向直接税与间接税并重的"双主体"模式迈进的基本取向。立足于这样的大背景，黄丽君在本书中对税制结构的合理性、税制结构对消费需求的影响等问题进行了深入的研究。

税制结构的优化问题不是一个新问题，但是，依据什么来优化税制结构，却是一个具有无限探寻新意的问题。从税收中性的角度来看，税收和税制结构不仅要有利于资本的形成与发展，也要促进消费需求的扩大。研究我国税制结构与消费需求的关系，对剖析目前我国税制结构的合理性与存在问题，是一个非常独特的思考角度，有利于更加全面地提出税制结构优化的建议。

本书以税制结构相关理论与当代西方消费理论为依据，对税制结构影响消费的作用机理进行了详细的推导，认为税制结构通过收入分配与价格水平两个途径影响消费需求。以此为基础，本书运用统计数据与计量模型验证了中国税制结构通过这两个途径对消费需求的影响，得出我国目前以具有累退性质的间接税为主的税制结构通过扩大居民收入分配差距降低了居民的消费需求，我国现行的税制结构引致了价格水平上升继而影响了居民消费支出的结论。

在上述研究结论的基础上，本书还探讨了如何通过间接税或直接税结构、税系结构和税种结构三个层面的税收调整促进消费需求扩大的问题，提出了优化税制结构优化思路和对策。对税制结构与消费需求关系的全面分析，且有翔实资料的支撑，使本书具有很强的可读性。

当然，本书也存在一些可以进一步深化完善的地方，比如流转税的累进程度与消费需求的关系可以作进一步的推导，但是，本书没有做到，这使税制结构与消费需求的关系分析并非那么严谨。另外，在研究视角上，本书关注的是税制结构对消费需求的影响，而没有将影响消费需求的其他变量考虑进去，这些问题都可以继续深入地研究下去。

本书作者黄丽君从读硕士研究生开始就一直专注于财税理论的学习与研究，这本书是她这几年结合理论学习与实践而进行的探索，也是她三年博士生学习心血的成果，虽然仍然存在一些缺憾，但仍是一部有价值的、能给读者带来启发的著作。希望黄丽君能够在税制结构问题上作更深入的研究，在该领域取得更有价值的成果。

是为序。

罗美娟

2017 年 5 月于昆明

# 前　言

　　税制结构是一个国家根据其经济条件和财政需求，分主次设置若干相互协调、相互补充的税种，以及所形成税收收入的总体结构。税制结构主要包括税种结构和税负结构。其中，税种结构在整个税收制度中处于统领地位，税收能否充分发挥其应有作用的前提在于税种结构是否合理。1994 年的税制改革确定了我国目前以流转税和所得税为主体的"双主体"税制结构，1994—2014 年间，我国流转税占税收总收入的平均比重为 62.11%，而所得税占税收总收入的平均比重为 22.87%，仅为流转税比重的 1/3。流转税呈现一定的累退性，收入越低的人群，税负相对越重，流转税的累退特征不利于缩小收入差距。而凯恩斯提出的"边际消费倾向递减"规律显示，边际消费倾向与收入呈负相关，收入越高，其边际消费倾向越低。扩大的收入差距会降低全体居民的边际消费倾向，不利于扩大消费。另外，流转税一般内嵌于商品价格之中，流转税占税收总收入的比重过大，在一定程度上会推动价格水平的上涨，加重消费者负担，影响消费预期，从而抑制消费。

　　近年来，我国最终消费率（最终消费/GDP）呈下降趋势。1994年，我国的最终消费率为 58.73%，2014 年，我国最终消费率为51.79%，下降了近 7 个百分点，其中居民消费率（居民消费/GDP）从 1994 年的 44.50% 下降到 2014 年的 38.19%，下降超过 6 个百分点。并且居民边际消费倾向也不断下降，我国 1994 年的居民边际消费倾向为 0.929，而 2014 年的居民边际消费倾向下降至 0.692。这一现象不利于我国经济的长期可持续发展。中国目前的税制结构是否在一定程度上导致消费率的持续下降，税制结构通过何种途径影响消费需求，税制结构如何调整才能达到扩大消费的目的，这些都是我国目前经济发展过程中需要研究和解决的问题。

本书以税制结构相关理论与当代西方消费理论为指导，对税制结构影响消费的作用机理进行了详细的推导，在理论框架下实证检验我国的税制结构对消费造成的具体影响，并据此提出扩大消费目标下我国税制结构改革的思路与建议。通过研究形成的主要观点如下：(1) 税制结构通过收入分配与价格水平两个途径影响消费需求；(2) 我国目前以具有累退性质的间接税为主的税制结构通过扩大居民收入分配差距降低了居民的消费需求；(3) 我国现行的税制结构在一定程度上导致了价格水平的上升，从而影响了居民的消费支出。全书的内容可以概括为三个部分。

第一部分是理论框架的搭建。这一部分在界定税制结构和消费相关概念以及评述国内外学者关于税制结构和消费关系研究的基础上，以税制结构相关理论如税收中性理论、税制变迁理论与当代西方消费需求理论如绝对收入消费理论、相对收入消费理论、生命周期消费理论、恒久性收入消费理论、随机游走消费理论等为指导，分析税制结构影响消费的作用机理及影响途径，建立起书稿的理论分析框架。

第二部分是中国税制结构影响消费的机制分析及检验。这一部分首先对中国目前的税制结构特征与消费状况进行了统计分析，其次对税制结构影响的两大途径——收入分配途径与价格水平途径进行了理论推导，最后基于统计数据与理论分析，采用误差修正模型、SVAR模型与阿尔蒙（Almon）模型验证中国税制结构究竟如何通过这两大途径影响消费，并得出两个结论：我国目前以具有累退性质的间接税为主的税制结构通过扩大居民收入分配降低了居民的消费需求；我国现行的税制结构通过导致价格水平的上升影响了居民的消费支出。

第三部分是中国税制结构影响消费的实证检验以及税制结构调整思路与政策建议。这一部分首先基于因子分析法，加入诸如与收入相关的变量、价格有关变量、政策环境有关变量作为控制变量进入模型，从间接税或直接税结构、税系结构和税种结构三个方面实证研究税制结构具体是如何影响我国消费需求的。并得出结论：长期来看，我国间接税占总税收收入的比重对居民消费产生了负的效应，直接税占总税收收入比重的提升对扩大中国消费需求有正向作用；中国流转税占总税收收入、所得税占总税收收入以及其他税占总税收收入对居民消费率也有正的提升效应，但流转税效应微弱，中国财产税可能由于设置不合理等问题对消费有负的效应；对五大主要税种分析时发现中国的增值税、企业所得税与个人所得税能够扩大居民消费需求，而消费税与营业税占比则与居民消费率呈现负相关关系。其次基于实证结论从三个层次（间接税或直接税结构、税系结构、税种结构）提出我国税制结构的调整思路。最后在前文理论和实证研究结论的基础上，基于扩大消费的目标，提出我国税制结构调整相关的政策建议。

# 目　录

# 第一章 绪论

1994 年的分税制改革建立了中国目前的税制结构体系，经过 20 多年的运行，现行的税制结构体系虽然在筹集税收收入、实现效率目标等方面较为成功，但仍然存在许多不合理的地方。随着国内经济、政治、社会、环境与政策目标的不断变化，现行税制结构与其赖以生存的经济社会环境之间产生了诸多摩擦，税制结构中一些积累的问题也逐渐暴露，其中，对消费需求的抑制就是较为严重的问题。本书通过对税制结构相关理论与当代西方消费理论的梳理，推导出了税制结构影响消费的机理，在一定程度上拓展了两个领域的研究，并通过计量模型验证中国间接税或直接税结构、税系结构和税种结构三个层面的税制结构对消费的不同影响，从最有利于扩大消费的角度为我国税制结构调整提供依据，具有较强的理论与现实意义。

本章将围绕税制结构对扩大消费的影响这一主题，聚焦要研究的问题，界定涉及的相关概念，梳理国内外研究的文献，确定研究思路与方案。

## 第一节 研究背景和研究意义

### 一 研究背景

税制结构是一个国家根据其经济条件和财政需求，分主次设置若干相互协调、相互补充的税种，以及所形成的税收收入的总体结构。[1]

---

[1] 曾国祥主编：《税收学》，中国税务出版社 2000 年版，第 302 页。

税制结构主要包括税种结构和税负结构。其中，税种结构在整个税收制度中处于统领地位，税收能否充分发挥其应有作用的前提在于税种结构是否合理。1994 年的税制改革确定了我国目前以流转税和所得税为主体的"双主体"税制结构，1994—2014 年间，我国流转税占税收总收入的平均比重为 62.11%，而所得税占税收总收入的平均比重仅为 22.87%，仅为流转税比重的 1/3。① 流转税的征收原理与特点决定了税制结构以流转税为主体不利于消费需求的扩大。

从征收原理来说，在流转税影响消费的问题上，无论是对消费总量还是消费结构的调整，流转税主要是依靠价格变量来实现。税收调整消费总量指的是通过设计轻重不一的税负影响人们的可支配收入，从而影响消费者的购买能力；调整消费结构的意思是通过对不同的产品或服务设置不同的税率影响人们的购买决策。然而，因为流转税具有转嫁特征，其负税人与纳税人经常是不一致的，且流转税的征税形式多为价内税，无论是总量还是结构调整，流转税的这两个特征都导致了其调节的间接性，弱化了其调节效应，从而限制了其刺激消费的作用发挥。

从税种的特征来说，流转税呈现一定的累退性，收入越低的人群，税负相对越重，流转税的累退特征不利于缩小收入差距。根据凯恩斯提出的"边际消费倾向递减"规律：边际消费倾向与收入水平之间呈现负相关的关系，收入水平越高，其边际消费倾向越低。扩大的收入差距会降低全体居民的边际消费倾向，不利于扩大消费。而直接税中的财产税与所得税，特别是征收储蓄所得的个人所得税对居民当期消费量的增加是有正向作用的。并且所得税一般实行累进税率，其收入高纳税多、收入低纳税少的制度设计对具有高消费倾向的低收入者的消费有着一定的促进作用，从而有利于促进收入分配公平，进而提高整体居民的消费水平。

另外，我国近年来最终消费率（最终消费/GDP）呈下降趋势，

---

① 根据历年《中国统计年鉴》计算得来，关于流转税与所得税的分类见第四章有关我国税制结构现状的分析。

1994 年，我国的最终消费率为 58.73%；2014 年降为 51.79%，下降了近 7 个百分点，其中居民消费率（居民消费/GDP）从 1994 年的 44.50% 下降到 2014 年的 38.19%，下降超过 6 个百分点。并且居民边际消费倾向也不断下降，我国 1994 年的居民边际消费倾向为 0.929，而 2014 年的居民边际消费倾向下降至 0.692。[①] 这一现象不利于我国经济的长期可持续发展。消费与生产作为国民经济的两个重要方面，生产对象、生产数量等都由消费对象、消费量决定。消费需求作为引致其他需求的最终需求，在市场经济中的地位非常重要，扩大消费需求是一国经济发展的主要目标。

中国目前的税制结构是否在一定程度上导致消费率的持续下降，税制结构具体通过何种途径影响消费需求，税制结构如何调整才能达到扩大消费的目的，这些都是我国目前经济发展过程中需要研究和解决的问题。

本书正是在此背景下对国内外有关税制结构和消费相关理论与文献进行梳理，分析中国现行税制结构对扩大消费的影响，并就两个中心问题开展研究：税制结构影响消费的途径是什么？基于扩大消费的目标如何优化中国税制结构？通过对以上两个问题展开理论与实证研究，得出相应的结论，并提出我国税制结构优化的思路与对策。

**二　研究意义**

税制结构一直是财政学研究的重点领域，本书着眼于扩大消费的税制结构调整，通过对税收中性理论、税制变迁理论进行梳理，并结合当代西方消费理论推导出税制结构对消费的作用机理，从中发现两者间的传导变量，在一定程度上拓展了税制结构理论与消费理论这两个领域的研究。通过系统地研究税制结构与消费之间关系，研究两者间的中介变量与传导机制，不仅可以在理论上明确税制结构与消费之间的内在联系，还给出税制结构影响消费的经济学解释，为今后进行税制结构与扩大消费方面的研究提供理论支持。

基于中国税制结构的累进程度分析与中国现行税制结构对消费影

①　根据历年《中国统计年鉴》统计计算而得。

响的现实，通过计量模型验证税制结构具体如何通过收入分配与价格水平影响消费需求，并基于因子分析法对中国的间接税或直接税结构、税系结构和税种结构影响消费进行了全面的分析，从而判断中国的税制结构到底对消费需求造成什么样的影响。这除可以判断我国目前税制结构是否合理外，还可以从最有利于扩大消费的角度为我国税制结构调整提供依据，对正确制定我国的税制调整方向，促进我国税制结构优化具有较大的现实意义。

# 第二节　概念界定

## 一　税制结构

税制结构是一个国家根据其经济条件和财政需求，分主次设置若干相互协调、相互补充的税种，以及所形成的税收收入的总体结构。[①]本书主要从以下三个层次研究税制结构：间接税或直接税结构、税系结构和税种结构。

### （一）间接税或直接税结构

税制结构根据税负是否能转嫁可分为间接税与直接税，间接税的税负能转嫁，而直接税税负一般不能转嫁。本书研究的间接税或直接税结构指的是间接税、直接税占税收总收入的比重。而根据税负能否转嫁这个标准，学界并没有统一的划分。本书将增值税、消费税、营业税、关税、城市建设维护税、资源税、耕地占用税、城镇土地使用税、固定资产投资方向调节税、土地增值税、烟叶税纳入间接税；其他税种为直接税。

### （二）税系结构

税系结构是指具有相同或类似特征的税种组成的体系，不同税种的主次搭配构成不同的税系，税系结构即为一个国家或地区税制内部

---

① 曾国祥主编：《税收学》，中国税务出版社2000年版，第302页。

不同税系的构建。① 国内外学界也没有关于税系的统一划分。本书比照国际货币基金组织的统计口径，并根据中国的实际情况将税系结构分为四大税系，即流转税（含增值税、消费税、营业税、关税）、所得税（企业所得税、个人所得税）、财产税（房产税、车船税、契税、车辆购置税）和其他税（资源税、城镇土地使用税含固定资产投资方向调节税、城市维护建设税、耕地占用税、土地增值税、船舶吨税、印花税、烟叶税、证券交易税）。

（三）税种结构

税种结构指的是一国税收制度由哪些税种所构成，是一个国家税收制度的内涵，它从税制的选择和结构方面，反映了一个国家在一定时期内税收制度的总体格局和作用。② 不同税种在整体税种结构中的地位、作用均不相同，税种收入占税收总收入的比重高，则该税种调节经济的力度与影响度则大。各税种根据税种收入占税收总收入比重的衡量标准可分为主体税种与辅助税种，主体税种即为税种收入占总税收收入比重较高的税种，辅助税种为税收收入占总税收收入比重相对较低的税种。区分不同税制结构的主要标志便是主体税种的不同。

二 消费

本书研究的消费指的是按支出法计算的最终消费支出。最终消费支出是指城乡居民和政府部门为满足物质、文化和精神生活的需要而购买的货物和服务的总支出，又称最终消费需求，是从宏观的角度反映全社会最终消费需求总规模的重要指标。③ 最终消费总额是由居民消费和政府消费构成的，本书主要研究居民消费需求。居民的消费需求是作为消费者的城乡居民在某一特定时期内的某一市场上，在每一价格下愿意而且能够购买的商品量。

---

① 官玉静：《优化我国税制结构研究》，硕士学位论文，浙江财经学院，2012 年，第 10 页。

② 吴玉霞：《中国税收结构的经济增长效应分析——基于省级面板的统计数据分析》，博士学位论文，天津财经大学，2009 年，第 25 页。

③ 胡雅莉：《构建扩大消费需求的长效机制研究》，硕士学位论文，湖南师范大学，2014 年，第 8 页。

# 第三节　相关研究综述

## 一　国外研究综述

马尔萨斯（Malthus，1936）在《政治经济学原理》一书中指出，保持一定的消费需求是充分发挥生产能力的必要条件，政府的非生产性消费来源于税收，其作用是平衡生产与消费间的关系。[①] 凯恩斯（Keynes，1936）在《就业、利息和货币通论》中指出，刺激消费的一个重要手段是税收，税收主要从两个方面刺激消费需求：一是通过将税收制度设置为累进性质税制以及通过政府转移支付制度将高收入人群的收入转移一部分给低收入人群，以此方式提高整体居民的边际消费倾向，从而达到扩大消费的目的；二是通过减税来减轻企业与居民的税收负担从而刺激消费与投资需求。[②] 之后，莫迪利亚尼（Modigliani，1954）在著作《效用分析与消费函数：截面数据的解读》、弗里德曼（Friedman，1957）在其著作《消费函数理论》以及霍尔（Hall，1978）在其论文《生命周期持久收入假说的随机影响：理论与实证》中进一步拓展了税收与消费之间的关系研究。[③] 这些学者刚开始都是针对税收的总量层面对消费的影响开展研究，鲜有关注税制结构问题。但是，随着收入分配不公问题、消费结构差异等问题的逐渐扩大，税制结构问题开始被各国学者重视。学者们开始意识到不同的税制结构会对一国的收入水平、收入分配、消费水平、消费结构等

---

① Malthus and Thomas Robert, *Principles of Political Economy*：Considered with a View to Their Practical Application, London：Pickering, 1936.

② J. M. Keynes, *The General Theory of Employment*, *Interest and Money*, New York：Harcourt Brace, 1936.

③ F. Modigliani and R. E. *Brumberg*, *Utility Analysis and the Consumption Function*：An Interpretation of Cross Section Data in Post Keyensian Economics, New Brunswick：Rutgers University Press, 1954.

Milton Friedman, *A Theory of the Consumption Function*, Princeton：Princeton Press, 1957.

R. E. Hall, "Stochastic Implications of the Life – Cycle Permanent Income Hypothesis：Theory and Evidence", *Journal of Political Economy*, Vol. 86, No. 6, 1978, pp. 971 – 987.

造成不同的影响。

沃伦（Wavren，1979）在《澳大利亚 1975—1976 年的税收归宿：一些初步结果》一文、斯卡特拉（Scutella，1999）在《澳大利亚的最终间接税率》以及克里迪（Creedy，1999，2001）在《澳大利亚的间接税改革：对不同人群的福利效应》一文中从不同的角度研究了澳大利亚的间接税转嫁问题，沃伦、斯卡特拉与克里迪三位学者均通过研究认为间接税具有累退性，富人将从累退的间接税中受益，而穷人的利益将因此受损。[①] 另外，有的学者从直接税的角度研究税制结构对消费的影响，如兰伯特（Lambert，1993）在《不平等分解分析和基尼系数修正》一文中研究了直接税对收入分配不平等程度与基尼系数的作用，皮克迪和萨泽（Piketty and Saze，2007）在《美国联邦税制的进展：历史与国际视角》一文研究了美国的税制结构，金和兰伯特（Kim and Lambert，2009）在《美国的税收和公共转移支付的再分配效应：1994—2004 年》以及亨格福德（Hungerford，2010）在《联邦政府的选择性转移与税收条款的再分配效应》中均对税制结构的再分配效应进行了研究，皮克迪、萨泽、金、兰伯特以及亨格福德均认为，具有累进性特征的直接税对于降低收入不平等有重要作用，而根据消费理论，收入不平等程度的降低对减轻消费不平等程度有利。[②] 博尼斯（Bonis，1999）在《国际税收协调：间接税》指出，采用不

---

① N. A. Warren, "Australian Tax Incidence in 1975 – 1976: Some Preliminary Results", *Australian Economic Review*, Vol. 12, No. 3, 1979, pp. 19 – 30.

Rosanna Scutella, "The Final Incidence of Australian Indirect Taxes", *Australian Economic Review*, Vol. 32, No. 4, 1999, pp. 349 – 368.

J. Creedy, "Indirect Tax Reforms in Australia: The Welfare Effects on Different Demographic Groups", *Australian Economic Papers*, Vol. 38, No. 4, 1999, pp. 367 – 392.

② P. J. Lambert and J. R. Aronson, "Inequality Decomposition Analysis and the Gini Coefficient Revised", *Economic Journal*, Vol. 103, No. 9, 1993, pp. 1221 – 1227.

T. Piketty and E. Saze, "How Progress Is the U. S. Federal Tax System? A historical and International Perspective", *Journal of Economic Perspectives*, Vol. 21, No. 1, 2007, pp. 3 – 24.

K. Kim and P. J. Lambert, "Redistributive Effect of U. S. Taxes and Public Transfers: 1994 – 2004", *Public Finance Review*, Vol. 37, No. 1, 2009, pp. 3 – 26.

T. L. Hungerford, "The Redistributive Effect of Selected Federal Transfer and Tax Provisions", *Public Finance Review*, Vol. 38, No. 4, 2010, pp. 450 – 472.

同间接税制的国家之间，其消费者的边际替代率与消费结构也将不同。[①] 肯恩（Kenn，2002）等在《不完全竞争下的税收原则与税收协调：警示案例》中认为，对税制结构进行任何调整都会对收入产生不同的再分配效应，从而影响消费。[②] 卡普兰诺格鲁（Kaplanoglou，2004）基于三个欧洲国家（英国、匈牙利、希腊）的家庭消费模型，对这三个国家的间接税与间接税结构对消费的调整进行研究，发现这三个国家的间接税虽有聚集收入作用，但却失去了收入再分配效应。[③]

近期国外学者对税制结构影响消费的研究则更加深入，通常考虑两类或多类税种变动对消费的影响。例如，阿尔姆和埃尔—格兰尼（Alm and El - Ganainy，2013）利用 1961 - 2005 年的欧盟 15 国个人所得税与增值税的面板数据进行税制结构与消费的实证研究，得出增值税对消费有抑制作用，对储蓄有鼓励作用，而个人所得税对消费有鼓励作用，对储蓄有抑制作用的结论。[④] 托德等（Toder et al.，2012）在《增值税替代所得税的改革》一文中认为：为了缓解税收对储蓄的扭曲作用，应减少所得税，增加增值税。[⑤] 博埃特斯等（Boeters et al.，2010）在分析德国增值税改革对经济的影响时发现，在财政收入保持不变的条件下，调节增值税税率到正常档，并调节个人所得税收入将大大影响居民消费与福利，且这种影响因个人所得税调节方式的不同而不同。如果个人所得税能够内生调整边际税率，那么提高增值税有利于扩大消费；如果个人所得税需要通过政府实施个人所得税

---

① De Bonis, "International Tax Coordination: Indirect Taxation", *International Economics*, Vol. 52, No. 3, 1999, p. 327 - 355.

② Michael Kenn, Sajallahiri and Pascalis Raimondos - Moller, "Tax Principles and Tax Harmonization under Imperfect Competition: Cautionary Example", *European Economic Review*, Vol. 46, No. 8, 2002, pp. 1559 - 1668.

③ Georgia Kaplanoglou, "Household Consumption Patterns, Indirect Tax Structures and Implications for Indirect Tax - Harmonization: A Three Country Perspective", *The Economic and Social Review*, Vol. 35, 2004, pp. 83 - 107.

④ James Alm and Asmaa El - Ganainy, "Value - added Taxation and Consumption", *International Tax and Public Finance*, Vol. 20, No. 1, 2013, pp. 105 - 128.

⑤ Toder Eric, Jim Nunns and Joseph Rosenberg, "Using a VAT to Reform the Income Tax", Tax Policy Center, 2012.

津贴的方式进行调整，那么整体消费水平将下降。博埃特斯认为，导致这两种不同结果的原因是富裕家庭与贫困家庭的收入和消费性质不同，前一种方法将使贫困家庭受益，后一种方法使富裕家庭受益。[①]布卢金等（Blumkin et al. ，2012）通过实验研究消费税、所得税对劳动和福利的影响时发现，实验对象在面对理论上有着同样影响程度的消费税与所得税时会做出不同反应：消费税实施时，实验者选择更多地进行劳动，而所得税替代消费税实施时，实验者更多地选择休闲。[②]

## 二 国内研究综述

国内学者将税制结构与消费结合起来研究则起步较晚，且多是针对我国的实际情况进行分析并得出相应的结论与解决措施。

国内学者张斌（2011）认为，我国以流转税为主体的税制结构在筹集收入方面具有优势，但总的来看，对居民个人收入流量征收的个人所得税和对财富存量征收的财产税能够更好地起到收入分配作用；而我国现行的税制结构在居民个人取得收入环节的总体税负较轻，在消费环节的税负较重，在调节财富存量的财产税方面，几乎处于"空白"状况，以流转税为主体的税制结构抑制了居民消费需求，以扩大内需为导向的税制结构调整应成为我国未来税制改革的重要战略任务。[③]聂海峰、刘怡（2010）在《城镇居民间接税负担的演变》一文中研究了我国税收收入的高速增长对于城镇不同收入水平的家庭造成的不同的间接税负担，得出收入越高的家庭负担的间接税越多，但是，税收占收入的比重却是低收入家庭的比重大于高收入家庭的比重，间接税是累退的结论。[④]贾康、程瑜（2011）认为，我国目前以

---

① Stefan Boeters, Christoph Bhringer, Thiess Büttner and Margit Kraus, "Economic Effects of VAT Reforms in Germany", *Applied Economics*, Vol. 42, No. 17, 2010, pp. 2165 – 2182.

② Tomer Blumkin, Bradley J. Ruffle and Yosef Ganun, "Are Income and Consumption Taxes Ever Really Equivalent? Evidence from a Real – effort Experiment with Real Goods", *European Economic Review*, Vol. 56, No. 6, 2012, pp. 1200 – 1219.

③ 张斌：《扩大消费需求与税制结构调整》，《涉外税务》2011 年第 6 期。

④ 聂海峰、刘怡：《城镇居民间接税负担的演变》，《经济学》（季刊）2010 年第 7 期。

流转税为主体，所得税为辅的税制结构制约着减税对扩大内需的有效性。[①] 聂海峰、岳希明（2012）在《间接税归宿对城乡居民收入分配影响研究》一文中利用中国城乡家庭消费和收入数据考察了间接税对城乡收入分配差距的影响，发现无论是高低收入之间还是城乡内部，间接税负担都呈现累退性。[②] 进一步地，李普亮、贾卫丽（2013）在《税收负担挤出了居民消费吗？——基于中国省级面板数据的实证研究》一文中指出，税收主要通过以下几种方式影响居民消费行为：改变居民收入与收入分配状况、通过公共支出改善消费环境、通过影响商品和服务的价格调节商品和服务的供给结构。[③] 吕冰洋和毛杰（2014）在研究我国高投资、低消费的财政基础时发现，从降低投资消费比的角度出发，税制结构应提高直接税比重，特别是积极推动财产税和个人所得税改革。[④] 王智烜、邓力平（2015）认为，随着财税体制改革的深入，税制结构的优化，特别是税制结构在直接税与间接税比重方面的调整，将会持续影响我国消费潜力的释放。[⑤] 童锦治、黄克珑（2014）指出，我国税制结构的失衡问题加剧了经济需求结构的不协调：一方面，以间接税为主体的税制结构和不合理的直接税税种结构加剧了投资、消费结构的扭曲；另一方面，企业所得税税负不合理及地方税体系建设滞后加剧了投资结构的扭曲。[⑥]

在具体税种与居民消费的关系研究中，武彦民、张远（2011）基于误差修正模型分析我国税制结构对居民消费的影响，他们认为，我国的财政收入总量、商品劳务税和企业所得税对我国居民消费的扩大

---

① 贾康、程瑜：《论"十二五"时期的税制改革——兼谈对结构性减税与结构性增税的认识》，《税务研究》2011 年第 1 期。

② 聂海峰、岳希明：《间接税归宿对城乡居民收入分配影响研究》，《经济学》（季刊）2012 年第 10 期。

③ 李普亮、贾卫丽：《税收负担挤出了居民消费吗？——基于中国省级面板数据的实证研究》，《经济学家》2013 年第 6 期。

④ 吕冰洋、毛杰：《高投资、低消费的财政基础》，《经济研究》2014 年第 5 期。

⑤ 王智烜、邓力平：《税制结构优化与我国消费增长》，《税务研究》2015 年第 9 期。

⑥ 童锦治、黄克珑：《我国经济需求结构协调发展的税制结构优化研究》，《当代财经》2014 年第 7 期。

产生不利的影响，而个人所得税能够一定程度上扩大居民消费。① 郑幼锋（2009）、周克清（2012）、储德银和闫伟（2012）等在对我国税制结构影响消费进行理论与实证分析时，也得出流转税对居民消费有抑制作用，所得税与财产税对居民消费有促进作用。我国进行税制结构调整应在降低流转税税率的基础上，提高所得税与财产税占税收总收入的比重，推行结构性减税，发挥税制的结构效应，这样才能提高消费水平。② 也有学者认为，我国现行的财产税不能充分履行调节贫富差距、收入分配的职能。张晓林、靳共元（2010）认为，除流转税和所得税外，财产税是影响居民消费的主要税种。但是，目前中国财产税不合理的征收制度一定程度上弱化了财产税对居民财产收入的调控作用，阻碍了我国居民消费水平的提高。③ 聂海峰、刘怡（2010）利用投入产出表技术模拟间接税在不同部门的流转情况，估算了增值税、消费税、营业税和资源税等间接税在城镇居民不同收入群体的负担情况，研究结果表明，从年度收入来看，各项税收都是显著累退的，但是，从终身收入来看，所有税负担呈现累退性减弱，营业税负担呈现累进的特征，资源税负担接近比例税率；整体来看，间接税接近比例负担。④ 行伟波（2007）利用可计算一般均衡模型从税收负担、税收收入、储蓄和投资、通货膨胀、社会福利、出口贸易和国际税收竞争等各个方面分析了增值税的经济影响，认为由于我国的增值税链条并不完整，并且存在小规模纳税人和普通纳税人的区别，因此会扭曲经济主体的行为决策，包括消费者的储蓄行为和生产者的

---

① 武彦民、张远：《我国财税政策与居民消费的实证分析》，《税务研究》2011 年第 2 期。

② 郑幼锋：《促进消费的税收政策研究》，《税务与经济》2009 年第 5 期。

周克清：《税制结构与居民消费关系的实证研究》，《消费经济》2012 年第 5 期。

储德银、闫伟：《税收政策与居民消费需求——基于结构效应视角的新思考》，《经济理论与经济管理》2012 年第 3 期。

③ 张晓林、靳共元：《我国税制结构与居民消费的实证分析与思考》，《中国城市经济》2010 年第 5 期。

④ 聂海峰、刘怡：《城镇居民的间接税负担：基于投入产出表的估算》，《经济研究》2010 年第 7 期。

投资方向。① 谭光荣、刘钊（2015）立足于结构性减税背景，阐述商品税、财产税与所得税的经济效应，考察我国税制结构调整对居民消费支出的影响，运用系统 GMM 估计方法实证检验税制结构对居民消费的作用方向及实际效果，并分析居民消费的空间自相关性及税制结构的空间外溢性。② 赵云峰（2015）在考察我国税收规模与结构变化特征的基础上，实证分析了不同种类税收对我国居民消费需求的影响，并比较分析了税收政策对消费需求影响的结构异质性，研究发现，我国税收政策对居民消费的影响存在明显的结构异质性，个人所得税和商品税对居民消费需求有明显的挤出效应，且商品税对居民消费需求的挤出程度高于个人所得税，财产税则在一定程度上挤入了居民消费需求，利息税的开征能在一定程度上削弱个人所得税对居民消费的挤出效应。③ 刘建民、毛军、王蓓（2015）利用 1999—2012 年样本数据，采用空间聚类分析方法研究了中国省域税收收入空间聚类分布格局以及通过分位数回归模型分析了税负水平、税收结构和税收不确定性对我国居民消费水平在不同分位点上产生的区域效应，实证结果表明，在参数异质性假设条件下，税收负担挤入居民消费水平，而税收不确定因素挤出居民消费水平；商品税、所得税与财产税对居民消费水平的影响，在不同税收收入水平下，呈现出具有差异性的区域空间特征。④

　　在如何优化税制结构扩大消费，促进经济结构平衡方面，王乔和伍红（2013）指出为应对我国内外经济失衡，促进经济增长质量的提升，应从完善增值税改革、提高所得税比重、构建地方主体税种、绿

　　① 行伟波：《关于增值税的理论研究与实证分析》，《中央财经大学学报》2007 年第 3 期。

　　② 谭光荣、刘钊：《结构性减税背景下税制调整与居民消费》，《财经理论与实践》（双月刊）2015 年第 7 期。

　　③ 赵云峰：《我国税收政策对消费需求影响的结构异质性研究》，《生产力研究》2015 年第 1 期。

　　④ 刘建民、毛军、王蓓：《税收政策影响居民消费水平的区域效应研究——基于省级面板数据的分位数回归分析》，《财经理论与实践》2015 年第 3 期。

化我国税制四方面优化我国税制结构。[①] 李俊英和苏建（2013）在《经济结构调整视角下的结构性减税政策》一文中则认为，结构性减税有利于扩大消费，调整经济结构，而结构性减税应主要从以下四个方面展开：降低流转税税负；优化产业结构；扶持中小企业；加大对不发达地区的支持。[②] 范竹青（2013）在《我国结构性减税的效应评析：以福建省为例》一文中从福建省的结构性减税效应出发，认为我国虽然采取了较多措施刺激消费，但效果并不明显，我国结构性减税在刺激消费方面效应微弱。[③] 廖信林、吴友群、王立勇（2015）通过建立一个简单动态一般均衡模型来分析不同税负水平下，直接税比重变化对居民消费的影响，并认为通过提高直接税比重来促进居民消费，应当从减少间接税收入进而降低居民的税负水平入手，并且减少间接税中的增值税和营业税能够达到减少间接税收入，降低居民税负水平目的，而逐步提高直接税收入比重，可以考虑在恢复征收利息所得税的情况下通过增加个人所得税和财产税来实现。[④] 叶文奇、王韬、肖凯乐（2014）认为，我国间接税规模与当前经济发展水平不相适应，间接税比重过高推高了物价、抑制了内需，应健全税制体系，规范和优化直接税，增加税收制度的公平性以及加快个人所得税由分类征收向综合和分类相结合的转变。[⑤]

### 三 简要研究述评

通过对上述文献进行梳理发现，国内外学者大多通过对一国或区域税制结构与消费的现实情况进行分析与实证检验，大部分学者认为，一国的税制结构会对消费造成影响，且累进的税制更有利于扩大

---

[①] 王乔、伍红：《内外部经济失衡下我国税制改革取向》，《当代财经》2013 年第 2 期。

[②] 李俊英、苏建：《经济结构调整视角下的结构性减税政策》，《税务研究》2013 年第 2 期。

[③] 范竹青：《我国结构性减税的效应评析：以福建省为例》，《税务研究》2013 年第 2 期。

[④] 廖信林、吴友群、王立勇：《宏观税负、税制结构调整对居民消费的影响：理论与实证分析》，《财经论丛》2015 年第 6 期。

[⑤] 叶文奇、王韬、肖凯乐：《提高直接税比重促进经济健康发展》，《税务研究》2014 年第 6 期。

消费。

国外学者在税制结构影响消费理论方面的研究较国内学者更加成熟且深入。国外学者不仅按照传统的税制结构理论与消费理论对税制结构与消费两者关系进行理论分析，并且还通过实证方法对理论分析得出的结论进行实证检验，以此探讨实证分析结果是否与理论分析结果一致，如果不一致，那么，原因何在，研究采取的方法是否科学、可行等。这些思维逻辑与研究方法值得我们学习并借鉴。但国外学者研究具体税种对消费的影响时，多聚焦于增值税、消费税和所得税，特别是个人所得税，其他税种则很少涉及。

国内学者在研究税制结构与消费问题时主要讨论的问题是：如何对税制结构进行优化从而扩大居民消费需求。国内学者通过对我国目前税制结构与消费现状进行分析，并对两者关系进行实证研究得出结论，基于结论从不同的角度提出相应的政策建议。而关于税制结构对消费的影响途径与机理分析，国内学者则研究较少。另外，在针对不同税种与消费的关系研究中，国内学者不仅研究了增值税、消费税和所得税对消费的影响，还研究了营业税、财产税等对消费的不同影响。

## 第四节　研究思路、研究方法和主要研究内容

### 一　研究思路

本书以税制结构对消费的影响为出发点，首先，对税制结构相关理论、当代西方消费理论进行了梳理，研究税制结构与消费之间的内在联系，分析税制结构对消费的影响机理与传导变量以及各税种对消费的不同影响，从而给出税制结构影响消费的理论基础和分析框架。其次，从税制结构的分类、间接税或直接税结构、税系结构、税种结构、税制结构累进程度几个方面全面分析中国税制结构的特征，从消费规模、消费水平、消费结构刻画中国目前的消费状况，并结合理论基础剖析中国税制结构制约消费的因素。再次，从收入分配与价格水平

两个途径基于 SVAR 和阿尔蒙模型实证研究我国税制结构如何影响消费。最后,基于因子分析法在多因素的情况下实证分析我国间接税或直接税结构、税系结构、税种结构对消费的影响,并基于实证结果得出我国税制结构调整的思路与相应的政策建议。研究思路如图 1 - 1 所示。

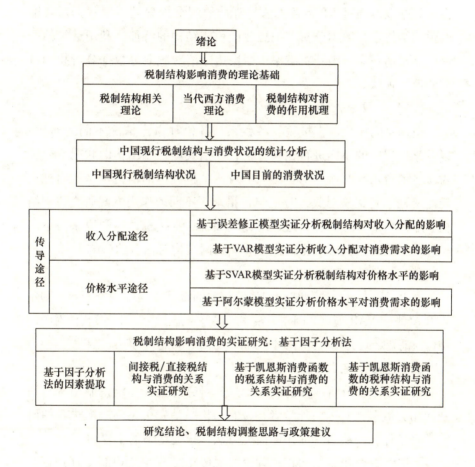

图 1 - 1　研究思路

## 二　研究方法

### (一) 理论分析法

本书的研究是分别在税制结构相关理论如税收中性理论、税制变迁理论与当代西方消费理论如绝对收入消费理论、相对收入消费理论、生命周期消费理论、恒久性收入消费理论、随机游走消费理论等的基础上，对税制结构对消费的作用机理进行研究，为构建本书的分析框架奠定了理论基础。

（二）数量分析法

本书利用间接税与直接税占比数据、四大税系占比数据、各税种占比数据以及通过 KP 指数方法计算的税制结构累进程度数据对我国的税制结构进行数据分析，把握我国税制结构的特征。利用最终消费率、居民消费率、消费贡献率、居民边际消费倾向等数据分析我国目前的消费现状。

（三）比较分析法

通过对间接税、直接税、各税系、各税种占比情况不同的对比，以及累进程度的不同进行比较分析，评估我国税制结构的状况；通过对城乡消费水平与城乡消费倾向的对比分析我国的消费水平。通过比较间接税与直接税对收入分配与价格水平不同的作用方式研究税制结构影响消费的传导路径，通过对比间接税、直接税、不同税系与不同税种对消费的不同影响全面把握我国税制结构对消费的影响。

（四）计量分析法

本书运用大量与税制结构和消费相关的统计资料和调查资料，利用 VAR 模型、SVAR 模型、阿尔蒙模型、误差修正模型、因子分析法对税制结构与消费之间的关系进行实证分析，得出一些重要的实证结果。

三　主要研究内容

第一章主要分析本书的研究背景、研究意义，界定税制结构与消费的相关概念，对国内外学者在税制结构与消费关系问题上进行的研究进行述评，说明本书使用的研究方法，描述本书的主要内容。

第二章在对税制结构相关理论如税收中性理论、税制变迁理论与当代西方消费理论如绝对收入消费理论、相对收入消费理论、生命周期消费理论、恒久性收入消费理论、随机游走消费理论等进行研究的基础上，分析税制结构影响消费的作用机理，建立起全文的理论分析框架。

第三章从税制结构的分类、间接税或直接税结构、税系结构、税种结构、税制结构累进程度几个方面全面分析中国税制结构的特征，从消费规模、消费水平和消费结构三个方面刻画中国目前的消费状况。

第四章在推导税制结构、收入分配与消费三者关系的基础上，基于误差修正模型与 SVAR 模型分析税制结构是如何通过收入分配影响消费的：通过建立税制结构与居民收入分配差距之间的误差修正模型、居民人均消费性支出与居民收入分配差距基尼系数、居民人均可支配收入、基尼系数与居民人均可支配收入乘积的 VAR 模型得出我国现行的税制结构在一定程度上拉大了居民收入分配差距，而我国的居民收入分配差距又与居民人均消费性支出呈现负相关的关系，证明我国目前以具有累退性质的间接税为主的税制结构通过扩大居民收入分配差距降低了居民的消费需求。

第五章首先分析了税制结构、价格水平与消费三者之间的关系，然后基于 SVAR 模型与阿尔蒙模型分析税制结构是如何通过价格水平影响消费的：通过建立 CPI 与税制结构之间的 SVAR 模型和 CPI 与居民人均消费性支出之间的阿尔蒙模型得出我国现行的税制结构在一定程度上导致了价格水平的上升，而价格水平又是影响居民人均消费的一个重要因素，证明我国目前的税制结构通过价格水平影响了居民的消费支出。

第六章主要在前文理论与实证研究的基础上，采用因子分析法加入诸如与收入相关的变量、价格有关变量、政策环境有关变量作为控制变量进入模型，从间接税或直接税结构、税系结构和税种结构三个方面实证研究税制结构是如何影响我国消费的。经实证分析得出：长期来看，我国间接税占总税收收入比重对居民消费将产生负的效应，直接税占总税收收入比重的提升对扩大中国消费需求有正向作用；中国流转税占总税收收入比重、所得税占总税收收入的比重以及其他税占总税收收入比重对居民消费率也有正的提升效应，但流转税效应微弱，财产税可能由于我国财产税设置不合理等问题对消费有负的效应；对五大主要税种分析时发现中国增值税、企业所得税与个人所得税能够扩大居民消费需求，而消费税与营业税则与居民消费率呈现负相关关系。

第七章在前文理论和实证研究结论的基础上，基于扩大消费的目标，提出我国税制结构调整的思路以及相关的政策建议。

# 第二章　税制结构影响消费的理论分析

本章对以税制变迁理论和税收中性理论为代表的税制结构相关理论进行了阐述以了解税制结构设置应遵循的原则以及税制结构对经济发展、扩大消费的影响，并对当代西方消费理论进行梳理以了解对消费产生影响的各类要素，然后在两类理论的基础上推导出税制结构对消费的作用机理，并将其与消费影响因素相结合探索税制结构对消费是如何发挥效用的，两者间存在怎样的传导机制，从而奠定本书研究的理论基础，为后文的实证检验提供分析框架。

## 第一节　税制结构影响消费的理论基础

### 一　税制结构相关理论

#### （一）税收中性理论

税收中性是在征税的过程中国家将征税额对社会的影响考虑在内，制定明确的限额降低对纳税人甚至社会造成的负担，防止诱发额外损失。此外，税收中性理论倡导国家征税的过程不能对正常市场秩序的运行产生干扰，也不能将征税作为调整市场资源配置的主导。随着中性税制的不断实践，税收中性理论得到了持续的发展，从原本的绝对中性理论发展到了现在的相对中性理论，摆脱了在税收调控方面的绝对性否定，追求中性和调控的相结合，形成最优效应为主而次优效应为辅的税收中性理论。税收中性理论这一理论体系在不断发展和完善过程中，逐渐形成了两大代表性理论：税收超额负担理论和最优税收理论。

1. 税收超额负担理论

采取一切可能的措施降低纳税人的损失和对社会造成的影响是税收超额负担理论的核心思想。额外负担主要表现在以下两个方面：第一，企业缴纳税收导致产品价格相对增加，降低了消费者的客观需求和社会消费的欲望；导致失业规模增加，降低了消费者的消费积极性，这是在经济运行方面税收超额负担理论的体现。第二，国家对纳税人征收税款导致纳税人承担了额外的费用支付，从而导致纳税人经济效益降低。但是，与此同时，税收使国家收入增加，提升了社会效益，如果纳税人的损失相比于社会效益的增加更大，则产生了超额负担。由此可见，由于超额负担的存在会导致税收效率降低，因此，在制定税收政策时国家层面需要进行宏观调控，从量和度两个方面进行考量，保障税收中性，降低纳税人和社会承受的额外负担。

马歇尔的均衡价格理论是超额负担理论的起源，在《经济学原理》这本著作中，马歇尔率先提出了"超额负担"这一概念，为税收中性理论的发展奠定了基础。根据马歇尔的研究，为了防止产生超额负担可以采用对所有物品征收同等税、选择对无需求弹性的物品征税和课征所得税三种方式。相对而言，采用前两种方式并不具备现实条件，因此他建议，为实现税收公平可以采用累进所得税制度以推动中性税制改革。马歇尔提出采用直接税收取代间接税收的方式以实现税收中性，也就是实现了超额负担的消除。

2. 最优税收理论

从理论上而言，绝对中性的税收制度并不存在，因此，如何进行制度优化和决策以实现税收的相对公平并实现效率最佳才是经济学家们关注的重点。因此在与税收中性理论相关的研究过程中产生了最优税收理论，该理论的观点主要体现在直接税和间接税的合理搭配上，从本质而言，两者之间存在互补性，但是，不能相互取代。所得税本身是一种良性税，能够在资源配置方面起到一定的调节作用，而政府采用怎样的税收模式将对最终调控结果产生显著影响。

最优税收理论解决了以下问题：首先，如何在实现特定效率组合与公平基础上选择最优税；其次，如何对直接税和间接税进行合理搭配；最后，假定收入体系是遵循所得课税理论缴纳的，在确定最优累进（累退）程度的同时如何实现公平和效率的统一。如何才能实现税收制度公平和效率的相统一是最优税收理论研究过程中关注的重点，因此在无法确定最终结果和信息不对称的情况下需要对政府税收工具的运用状况进行论证分析。

在税制结构设计和税收政策工具的应用上，合理使用最优税收原理能够为经济发展、刺激消费产生积极的推动作用。与此同时，还能对人民生活水平的提升起到间接的推动作用。在资源配置的过程中市场因素发挥了重要作用，这是最优税收理论发挥作用的基础，最优税收理论是以资源有限这一现实问题为基础探讨怎样才能在市场机制下实现供求关系和竞争机制作用的发挥。

在对待税制结构问题时，马克思和恩格斯以及一些西方经济学家如亚当·斯密、马歇尔等的观点存在很大的差异，但是，他们都表示税制结构必须满足公平性的基本要求，并且指出间接税本身存在重复收税的现象，从而导致非公平性，因此，相对而言直接税更具备累进性和适用性的特点。间接税在经济领域内发挥的效果更加突出，能够通过资源配置促进生产并实现资源优化和配置，但是，无法体现公平性；直接税能够体现税收的公平性，但是，不能在生产流通过程中起到良好的调节作用。因此，在制定税收政策时，政策制定者要充分考虑税收中性原则，兼顾一国的发展现状和纳税人的承受能力制定出直接税和间接税相结合的充分体现公平和效率的税制结构，合理调整两者的比例，发挥两者优势，为经济发展和社会稳定发挥更多的正效应。

### （二）税制变迁理论

税制变迁的过程非常复杂，不仅要将初始条件考虑在内，同时还要结合需要达成的目标进行模型制作与评价。此外，还必须将税制变迁的时机考虑在内，从而在规范化的理论指导下开展。学术界近些年来对如何建设良好的税制进行了深入而广泛的讨论，从目前取得的成果分析，在税制变迁方面主要形成了公平课税论、最适课税论和财政交换论三种，这三种理论为税制变迁理论的发展奠定了基础。

1. 公平课税论

在不同时期，不同的学派对公平课税理论的理解存在很大的差异。公平课税与功利主义下的牺牲理论是相对的，该理论的分析思路包括以下特点：首先，公平课税理论强调横向的公平，并且指出，在纵向的公平上应由法制或政治程序起到调节作用。其次，该理论认为，税收问题和政府支出是两个需要分开讨论的概念。最后，该理论指出，不能根据效用理论对纳税能力进行衡量，为充分体现公平性，需要根据纳税人自身的纳税能力制定纳税标准。[①] 在最广泛和最客观的基础上得到的所得概念是课税公平化的基础。随着税基的扩大，对衡量税收负担能力考察得出的结果更加全面，对于实现横向公平更加有利。根据公平课税的要求，在进行税制改革的过程中政府必须充分考虑各项因素，资金筹集的过程要考虑公平性的基本原则，同时还要限制政治干预在市场运行过程中的作用。而合适的税基是实现上述目标的关键，因此，要综合相关概念确定公平课税下的理想税制，从而降低税收对于纳税人的负担。公平课税论坚持宽税基和低税率的原则，充分体现了公平和效率的基本原则，为税制改革和税制设计提供了参考。

2. 最适课税论

在政府和纳税人彼此不了解的情况下，最适课税论能够实现税制的相对公平和效率兼顾。根据最适课税论的观点，直接税和间接税两者之间的关系是互相补充的，但是，无法相互替代，因此，不论是直接税还是间接税，两者都有存在的必要性和合理性。希克斯（Hicks，1939）、柯利坦和海格（Corlettan and Hague，1953）、弗里德曼（Friedman，1952）和约瑟夫（Joseph，1939）等经济学家都对直接税和间接税之间的关系进行了分析，并且探索了两者的优劣势和相互关系。学者指出，两者都是良税，并且在推动税收效率提升方面都起到了一定的作用。最适课税论为人们构建最佳税制提供了保障，为实现公平和效率兼顾提供了参考，采用严格的数学模型在遵循经济理论的

---

① 邓子基：《税种结构研究》，中国税务出版社 2000 年版，第 77 页。

基础上对福利效应进行分析，强调了理论精确性的重要作用，但是并没有将政治因素、管理能力和制度因素等考虑在内，因此从本质分析上与公平课税论之间存在明显的差异。

3. 财政交换论

财政交换论的理论依据是社会契约论，属于公共选择理论的范畴。亚当·斯密的赋税利益说以及布坎南、马斯格雷夫和林达尔在内的诸多学者都从多个角度对这一理论体系进行了分析。在《财政理论研究》中，维克塞尔在公共部门中应用边际效应理论进行了相关分析，并且进行了公平税制设计的探索。他在研究中指出，赋税本身是借助政治力量实现的利益再分配，以国家手段对边际效应的标准进行评价。根据课税原则的基本要求，个人税收损失的财富效应和国家给予个人的边际效应之间应当存在对等性。政治交换理论借鉴了边际理论的观点，在缴税的过程中，纳税人支付了边际成本，从而帮助政府获得边际效应，实现双方效益最佳。从个体角度对这种关系分析无可厚非，但是，从政府的角度分析，由于其提供的服务本身是无法进行分离的公共产品，因此，对于个人的效益无法用公共福利分割的方式进行衡量。从现实角度来看，这种理论的可操作性不强，仅仅提出了政治性决策的方向，而不是具体的建议。财政交换理论并没有对不同税种在资源配置效率、收入分配公平性和社会福利水平方面起到的作用进行分析，因此，从本质而言，财政交换理论是公共经济理论在税收政策方面的实际应用。

与税制结构有关的理论发展至今，逐渐主张税制结构应根据各国的经济发展水平与宏观经济目标进行优化，各税种之间相互协调以尽可能地实现税收制度的整体功能。在税收收入中各种类型的税收占据的比重存在很大的差距，根据各国的税制结构可以将其分为以直接税为主的税制结构、以间接税为主的税制结构和两者并重的税制结构三种类型，或者也可分为以所得税为主体和以流转税为主体的税制结构，以及所得税和流转税并重的税制结构。

目前，世界各国大多采用复合税制结构。根据最优税理论，虽然相较于复合税，单一税不容易扭曲经济结构，但单一税制在财政收入筹集、促进收入分配公平方面比不上复合税制。另外，根据最适课税论，一国的税制结构中，间接税与直接税都有其存在的合理性与必然性。间接税与直接税的相互搭配，合理占比是税制结构设计应该考虑的主要问题。在复合税制中，以所得税为代表的直接税和以商品税为代表的间接税应该是并存的，税系本身的功能决定了税种搭配的合理性，因此，在不同主体进行税系选择和搭配方式的调整上存在差异，并且对经济增长产生显著影响。一般来说，直接税体现了公平，间接税体现了效率。

**二 当代西方消费理论**

当代西方消费理论的主旨在于刺激消费需求，其理论体系具体包括消费函数理论和需求函数理论。

（一）消费函数理论

消费函数理论主要包括绝对收入理论、相对收入假说、生命周期假说、持久收入假说、随机游走假说、预防性储蓄理论和流动性约束理论。

1. 绝对收入消费理论

凯恩斯是西方经济学家，他率先提出了绝对收入理论并且指出消费者的消费与当期可支配收入的关系相对稳定，在短期内当期收入决定了人们的消费水平，随着人们的收入增加，消费比例也发生了变化，且消费增加的速度并没有收入增加的速度快，由此产生了边际消费递减。从趋势上分析，边际消费是逐渐减退的，因此随着人们经济收入的不断提升，平均消费倾向下降，并且在一般情况下边际消费要大于平均消费。可以使用 $C = a + bY$（$a > 0$，$0 < b < 1$）来表示消费函数，其中，C 表示计划的消费，Y 表示可以自由支配的收入，a 表示自主消费的消费量，b 表示边际消费的倾向。根据绝对收入假说理论，消费函数表现出了人们消费水平和收入水平在短期内的关系。

2. 相对收入消费理论

詹姆斯·杜森贝里是美国经济学家，他在 1946 年发表的《收入、储蓄和消费者行为理论》一书中率先提出了相对收入的概念。相对收入消费理论指出，短期内消费者的当期收入增减对消费水平产生的影响较小，而长期收入相对状况对消费者消费行为产生的影响更大。该理论指出，消费者的消费习惯、攀比心理都会对消费行为产生显著影响，并且超出本人收入对消费的影响。此外，消费者的过去收入水平、周围人的同等收入水平等因素也会对消费者的消费产生影响。

3. 生命周期假说

A. 安东、R. 布伦贝格和 F. 莫迪利安尼都是美国经济学家，三位学者在研究的基础上提出了消费与储蓄的生命周期理论，即生命周期假说。[①] 根据生命周期理论的观点，消费者的一生收入和自身消费之间存在一定的关联性，消费者能够根据自身的状况理性安排所有收入，根据阶段性收入和预期收入调整消费行为从而实现自身消费和收入效益的最大化。该理论指出，人一生的财产和消费之间存在关联性，并且在某一个时期消费与年龄存在相关性。

4. 持久收入假说

弗里德曼是货币学派的代表性人物，他在研究过程中提出了消费函数理论，强调了持续性收入和消费之间的关系。[②] 弗里德曼指出，人们的短期收入与消费之间的关联性并不大，在制订消费计划时人们是将消费和长期持久的收入联系在一起的，因此他指出，持久性的收入决定了家庭或者个人的消费状况，短期收入现状起到的作用相对有限。通过对自身能力和未来收入的总体预计，消费者暂时性地增加或者减少收入并不会对当期消费者的消费状况产生明显影响。因此，当消费者面临可支配收入变动和国家政策调整时并不会表现出较大的反应，持久收入假说说明当前收入状况并不会对人们的边际消费产生显著影响。弗里德曼的持久收入假说还指出，消费者短期收入中只有很小一部分用来实际消费，其余部分则成为储蓄。

5. 随机游走假说

1978 年，霍尔以卢卡斯批判理论为基础将理性预期方法应用到消

---

① 莫迪利安尼等：《效用分析与消费函数——等横截面资料的一个解释》，商务印书馆 1964 年版。

② Friedman，*A Theory of Consumption Function*，Princeton：National Bureau of Economic Research and Princeton University Press，1957.

费者行为理论中，并且将莫迪利安尼的生命周期假说和弗里德曼的永久收入假说与之结合，最终形成了随机游走理论，该理论指出，从长远趋势上分析，人们的消费支出呈现随机行走性。[①] 霍尔指出，之前有关消费的研究大多认为，滞后的收入水平影响着现在的消费，但这种研究结论却与生命周期假说认为的消费者在进行消费行为时是"理智的、前瞻性的"思想大不相同。如果之前的消费量能够包含当时消费者的全部信息，那么一旦滞后消费已经包含在模型中，滞后收入就没有什么额外的解释价值。

6. 预防性储蓄理论

预防性储蓄理论以理性预期思想为基础，在模型分析的过程中引入了不确定性，并且从一般意义上对消费者的消费行为选择进行优化分析。该理论指出，随着不确定性的提升，现期收入和消费支出之间的相关性更明显，由此可见，不确定性和财富积累之间存在一定的相关性。风险承受能力差的消费者在不确定性因素下消费水平显著降低，转向储蓄，这也是由于收入的不确定性导致消费行为发生变化。在生命周期中，储蓄不仅仅是内置资源的扩展，同时也是为了防范不确定性因素，当消费者面临预期的不确定性因素时，更倾向于进行钱款储蓄，防备未来出现的不时之需。不确定性越大，收入就下降得越多，这种预防性的储蓄数量也越多，这一点在消费者的支出性消费上得到了显著体现，即支出性消费的数量明显降低。预防性储蓄理论认为，这种不确定性的存在对居民的消费行为和储蓄行为产生了深远影响，该理论为研究消费者行为提供了新的视角，并且从另一角度阐释了当下消费者的部分消费行为。

7. 流动性约束理论

流动性约束表示消费者在向金融机构或者非金融机构申请贷款以满足消费时受到的限制。该理论指出，流动性约束对消费者的影响主要体现在两点：一是消费者在面临流动性约束时会减少消费量，当消

① Robert E. Hall, "Stochastic Implications of the Life Cycle – Permanent Income Hypothesis: Theory and Evidence", *Journal of Political Economy*, Vol. 86, No. 6, 1978, pp. 971 – 987.

费者处于收入较低的水平时，即使他对未来收入有较高的预期，但因为存在流动性约束，所以，他只能基于目前较低的收入水平而保持相应的低水平消费；二是即使目前的流动性约束没有对消费者造成影响，那么消费者也会根据未来可能发生的流动性约束来增加储蓄，降低当期消费。总之，只要存在流动性约束，消费者都会降低当期消费，从而导致不平滑的消费路径。

（二）需求函数理论

需求函数理论是以消费者消费行为理论为基础并探索消费者面对多种类型商品和服务时所产生的不同的需求规律。该理论指出影响消费者消费的因素诸多，当期收入和未来预期收入、当期价格和预期价格、消费者家庭组成和人员年龄以及耐用品数量和消耗情况等都会对其产生显著影响。上述因素中，当期价格和当期收入对消费者的消费需求产生的影响最大。需求函数理论根据消费需求为基础采用无差异曲线的方式对商品价格和消费者的收入变化状况进行分析以探讨消费均衡点的转移状况，研究消费者的消费行为。与此同时，该理论还根据消费者的偏好理论对市场行为进行分析探究消费者对于不同类型产品的偏好顺序，从而形成消费者的行为理论。

利用客观波动数据对不确定条件下的消费函数进行研究是最直接的方法，根据实验数据的结果，在不确定性条件下消费者的偏好更容易发生变化，而在模型中引入收入波动数据存在一定的不合理性。消费者理论指出，消费者所处的环境对消费者决策并不会产生直接影响，而在消费者决策的过程中自身对于环境的判断起到了重要的作用。

当代西方消费理论对收入、消费习惯、心理预期、不确定性因素和消费的示范效应等变量对消费者消费行为的影响进行了研究。根据西方消费理论的发展状况分析，该理论从消费者行为主要受收入影响到受收入之外的因素影响转变，但是，消费者收入对消费行为的影响这一核心没有改变，只是从静态概念向动态转变。西方消费理论从确定性条件到不确定性条件下消费者消费行为的研究转变，从相对宽松的流动性约束到严格的流动性约束的条件转变，逐步实现了理论和实际情况的结合。

### 三　影响消费的因素

基于以上的消费函数和需求函数理论的分析，本书将影响消费的因素分为居民收入因素、消费品价格因素和国家政策因素三个方面。

#### （一）与居民收入有关的因素

从西方经济学家的消费理论中，我们可以发现，杜森贝里的相对收入假说、凯恩斯的绝对收入假说、莫迪利安尼的生命周期消费理论以及弗里德曼的永久收入消费理论都肯定了收入对于消费需求的影响，并且根据他们的研究结论，消费需求和消费者收入之间存在明显的正相关性，即随着消费者的收入增加，在保持其他影响因素不变的条件下，消费者的消费需求增加。但是，在不同阶层、不同行业、不同地区，由于经济格局分布的不同以及收入状况的差异，国民收入分配格局和消费格局存在明显的差异性。国民收入分配格局对居民消费产生的影响主要表现在两个层面：首先，国家收入的数次分配不合理将会导致居民总收入的降低以及可支配收入的减少，从而抑制消费者消费需求的增加并导致总体消费水平的下降，比如政策向企业和政府过多倾斜就会导致这种状况。其次，收入分配不均衡和两极分化过于严重将会导致社会平均消费倾向降低。不同阶层之间存在一定的收入差距，并且消费倾向也有所不同。一般而言，高收入阶层的平均消费倾向低，而低收入阶层的平均消费倾向高。但是，如果两者之间的收入差距过大，大量的收入都集中在了高收入阶层，将会导致收入难以向消费转化，导致整个社会的消费能力降低，对消费者的消费需求增加产生消极影响。缩小收入差距将会提升低收入群体的收入水平，从而增加低收入群体的消费需求，对消费市场的刺激作用远远高于整体居民收入的普遍增加产生的效果。

#### （二）与物价有关的因素

从消费理论的角度分析，个人的购买力和购买意愿决定了个人的消费决策，而物价的变动对消费行为的影响主要表现在对购买力和消费者消费意愿的影响上。此外，根据时间节点的不同，以将消费者的个人消费决策分为现在消费和未来消费两种类型，而物价水平的变化会对消费者的预期消费产生显著影响，同时影响消费者的跨期消费行为。

首先，在购买力方面。我国经济学家王珏指出，当期购买力、积累购买力和预期购买力是我国扩大内需的三种主要表现，三种购买力共同作用于居民的消费决策从而对消费倾向产生影响。1911 年，在《货币的购买力》中欧文·费雪提出了货币购买力的概念，他指出，货币进入流通之后才会产生价值，而在货币进入商品流通领域之前是无法发挥价值的，货币的价值主要体现在商品上，原本没有价值的货币随着商品销售体现出了购买力，而原本没有价值的商品也有了价格，间接地体现了货币的购买力。由此可见，物价和购买力之间存在密切关联，而物价水平对购买力的大小起决定性的作用。我们用消费者价格指数来衡量当前的物价水平，而货币的购买力指数则是消费者价格指数的倒数，因此，随着物价的上涨，货币的购买力降低，而物价降低则会增加货币的购买力，两者之间存在负相关性，处于此消彼长的状态。那么物价水平和货币购买力之间的这种关系是否会对消费者的消费行为产生影响呢？为了研究这一问题，我们假定消费者的收入主要用于消费和储蓄这两个用途，那么物价借助购买力对消费者的支出产生的影响可以表现在：在消费者收入状况稳定的基础上，物价上涨将会导致货币购买力降低，而居民储蓄部分的资金固定则会导致用于消费部分的资金购买力降低，同等数量的货币购买的商品数量减少，效用水平降低，而为了达到同等水平，消费者必须降低储蓄，扩大消费才能达到物价上涨之前的消费水平。

其次，价格水平通过影响消费者心理预期对消费行为造成影响。根据西方消费理论，消费者对于商品价格的预期能够影响商品的需求量，而消费者自身对于价格水平的感知度是决定消费者商品价格预期的基础，这种感知则是建立在对当前物价水平及过往水平比较的基础上的。随着物价持续上涨，居民预感到物价将会上升，因此，可能会提前消费并将未来消费计划提前，因此，导致消费者支出增加。而随着物价降低，人们的预期消费延期，现在的消费需求也会向未来的消费进行转移，从而降低当期消费的支出。

最后，物价水平的变化还会干扰消费者的跨期消费结构的组合从而对消费支出产生影响。如果物价上涨而消费者的收入没有增加，将会导致消费者福利降低，而收入增加的基础上，跨期消费间接地增加了居民福利。因此，物价上涨能够对居民的跨期消费结构调整产生影响并最终决定居民的消费状况。

（三）国家的有关政策因素影响

国家政策对消费者的消费需求也会产生明显影响，比如，在其他因素不变的基础上，国家制定的税收政策和居民消费需求之间存在负相关，即随着税收降低，消费者的消费需求增加。此外，不同类型的税收方式对消费者消费需求的影响程度存在很大的差别，个人所得税的增减能够实现居民收入水平的调节，导致消费者调整消费和储蓄的比例。而企业所得税的增加导致企业产品价格增加，消费者的实际收入不变的情况下消费支出降低，抑制消费。与此同时，消费税的增加也会导致含税产品的价格上升，降低消费者的可支配性收入，加重低收入者群体的经济负担，降低消费支出。由于低收入者群体的消费倾向高，因此，消费税的增加将会导致消费总量相对降低。与此同时，国家颁布的与社会保障相关的政策也会对消费者的消费需求产生显著影响，尤其是社会保障性的收入再分配功能能够提高消费者的边际消费倾向。

# 第二节 税制结构影响消费的作用机理

税收中性理论认为，不干预或不影响纳税人行为的税收结构设置就是中性的、合理的。从这个角度来分析，总额税不会带来经济扭曲且不会产生额外负担，但不符合社会公平这个特点限制了它成为普遍开征的税种。而最优税理论认为，税制结构中存在扭曲性的税种是不可避免的，不同的税种设计，其扭曲程度也将不同，这正是税制结构设计的出发点，即通过不同税种的搭配、设置、协调尽量降低扭曲程度，最大化经济增长效应。

## 一 税制结构影响消费的推导

根据凯恩斯的绝对收入消费理论，消费函数可以表示为：

$$C = C_0 + c_y Y_d \tag{2.1}$$

其中，$C$ 表示社会消费总需求，$C_0$ 为常数项，表示自发消费，$c_y$ 表示边际消费倾向，$Y_d$ 表示可支配收入。根据消费函数，社会的消费总需求分别由边际消费倾向 $c_y$ 和居民可支配收入 $Y_d$ 所决定。因此，要提高社会的消费需求，需从提高居民的边际消费倾向以及可支配收入两方面入手。而根据国民收入决定理论，可支配收入通常可以简化为总收入减去税收，即：

$$Y_d = Y - T \tag{2.2}$$

其中，$Y$ 为总收入，$T$ 为税收。根据前文的税制结构理论，各国的税制结构可以根据各税种在税收收入中所占的相对地位不同划分为以直接税为主体、以间接税为主体或直接税与间接税并重的税制结构，而目前世界各国的税制结构一般都是复合税制结构，因此，税收可以分为直接税收入与间接税收入，即：

$$T = T_d + T_i = t_d T + t_i T \tag{2.3}$$

其中，$T_d$ 表示直接税，$t_d$ 表示直接税所占比重，$T_i$ 表示间接税，$t_i$ 表示间接税所占比重。结合式（2.3）与式（2.2）可得：

$$Y_d = Y - (t_d T + t_i T) \tag{2.4}$$

再将式（2.4）代入式（2.1），得：

$$C = C_0 + c_y [Y - (t_d T + t_i T)] = C_0 + c_y Y - c_y (t_d T + t_i T) \tag{2.5}$$

从式（2.5）可以看出，$C_0$ 是一个固定不变的常数项，消费需求与边际消费倾向、总收入与税制结构有关。

## 二 税制结构影响消费的传导机制

在分析税制结构影响消费的传导机制前，本书引用中介变量这一社会科学实验研究中的常用概念。中介变量是一种由自变量引起并通过其影响因变量的变量，即自变量（X）通过中介变量影响因变量（Y）。引入中介变量的意义在于揭示自变量对因变量影响的原因和传导机制。[①] 中介变量的作用原理如图 2 - 1 所示，图中 M 即为中介变量。

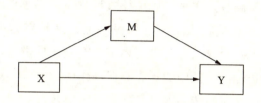

**图 2 - 1　中介变量示意**

根据式（2.5），消费需求与边际消费倾向、总收入与税制结构有关。根据持久收入假说，个人及家庭的消费是由持久性收入决定的，消费者不会对短期的可支配收入变动做出较大的反应，当前收入变化的边际消费倾向变动不大。而在一定时期内居民的收入水平一般不会变化太大，本书假定居民总收入保持一定水平。在这个假定下，消费需求除与税制结构有关外，还跟边际消费倾向有关。

根据当代西方消费理论与上文对消费影响因素的分析可知，消费能力、消费意愿和消费环境构成了消费需求的三大主要要素。税制结构通过改变居民边际消费倾向、即期可支配收入和持久收入等方面来影响消费能力与消费意愿，从而达到影响居民消费的目的。在收入水平一定的情况下，收入分配是否公平关系到整个社会的边际消费倾向的高低。不同收入阶层的消费倾向不同，一般来说，边际消费倾向与收入水平呈反方向变动，高收入阶层的消费倾向较低，而低收入阶层的消费倾向较高。边际消费倾向在高低收入水平的居民间有着较大的差距，边际消费倾向高的低收入居民则拥有更少的收入，从而拉低整体的平均消费倾向，不利于社会消费需求的扩大。反之，如果收入分配在高低收入居民间的差距缩小则有利于将财富从边际消费倾向低的高收入居民转移到边际消费倾向高的低收入居民，从而提高整体的平均消费倾向，扩大社会的消费需求，实现扩大整体消费水平的高、低

---

① 温忠麟、侯杰泰、张雷：《调节效应与中介效应的比较和应用》，《心理学报》2005年第 37 期。

收入阶层之间的收入再分配。

在市场经济条件下，税收是政府参与调节收入分配的主要手段。政府通过对具有高收入水平的居民征收税款，再将收集的税款通过转移方式转移到具有低收入水平的居民手上，以此来缩小收入分配差距。通过这种方式对收入分配进行调节，有利于促进收入公平，从而对整个社会的边际消费倾向的提高有促进作用。

假设：通过政府的转移支付，高收入阶层转移到低收入阶层的收入为 y。高收入阶层的边际消费倾向为 $c_1$，低收入阶层的边际消费倾向为 $c_2$，根据凯恩斯的边际消费倾向递减规律，$c_1 < c_2$。如果没有政府的转移支付，那么收入在高收入阶层形成的消费需求为 $c_1y$，将收入 y 转到低收入阶层后，低收入阶层形成的消费需求为 $c_2y$，可知 $c_1y < c_1y$。这说明，政府通过低收入阶层具有较高的边际消费倾向将从高收入阶层转移过来的收入化为更多的消费需求，从而促进了收入分配公平以及提高了整个社会的平均消费倾向。

政府不仅通过征税与转移支付手段影响消费，更重要的是，政府通过对税制结构中不同税种的设置与协调，对居民收入的整体环节，如收入形成、收入使用、收入的保有环节进行影响，从而形成一个整体的、多层次的收入调控体系。在收入的形成阶段，税制中的个人所得税通过设置累进税率一定程度上减少高收入阶层的可支配收入，相对增加低收入阶层的可支配收入。税制中的社会保险税通过直接减少居民当期的可支配收入调节收入在不同阶层的分配，以此缓解由初次分配不公引起的收入差距问题；在收入的使用阶段，税制中的消费税通过对部分消费品征税影响居民的消费结构；在收入的保有环节，税制中的遗产税、赠与税、房产税通过对收入存量的调节，促进财富公平分配，防止财富过度集中。

另外，税制结构还通过价格水平影响消费预期与跨期消费，从而影响消费需求。消费预期是消费主体对市场和经济状况的不确定因素进行判断和预测的心理活动过程。消费预期可以直接影响消费需求，消费预期是消费者制订、实施消费计划的基础条件。在一般情况下，一个消费者只要判断未来消费环境稳定以及未来收入能够稳定增长，即使没有足够的当期支付能力，也能增长消费者的消费信心，能相应地提高其消费倾向。预期未来会增长的收入就会被消费者提前消费，从而转为当期的购买力，促进当期消费的扩大。反之，如果消费者对未来消费环境不确定以及预期未来收入将会下降，那么他将会缩小当期消费水平，通过增加储蓄的方式增加未来的消费。并且，税制结构通过设置不同的税种、税率来影响价格信号进而影响企业改变其行为，从而更深入地影响不同企业、不同产品之间的资源配置，最终影响产业结构与消费品供给结构。

总结以上分析过程，税制结构除直接对消费产生影响外，还主要通过收入分配与价格水平影响边际消费倾向，进而影响消费。收入分配与价格水平是税制结构与消费之间的两个中介变量。

（一）中介变量一：收入分配

收入是居民进行消费的前提，居民的消费信心、消费潜能、消费欲望都会被收入水平的高低影响，消费能力的高低也由收入水平的高低决定。凯恩斯提出了"边际消费倾向递减规律"，并依据此规律提出了类似于劫富济贫式的收入分配政策，此后，收入分配与居民消费之间的影响关系已经成为一个新的研究命题。国内学者基本认同国民收入初次分配不公与再分配收入差距的迅速扩大业已成为制约居民消费需求的重要原因，而且这种制约强度正在不断增加。更有学者指出，中国消费低迷是收入分配问题，不是消费问题。在引致收入分配差距的诸多因素中，税收因素是经常被忽视的变量。但是，国内外的研究均表明，税制结构不同，会导致纳税人较大的税负差异，从而形成税收的分配效应。早在20世纪30年代凯恩斯就提出，社会财富分配不公会降低全社会的消费倾向，通过改变税制结构可以调节收入分配不公，国家可以从以间接税为主的税制结构改变成以直接税为主的税制结构，用累进税率替代比例税率和固定税率，从而减轻低收入人群的税收负担，提高全社会的消费倾向，从而扩大消费。

税制结构主要从以下两个层次产生收入分配效应。第一，税制结构通过税系结构变动产生收入分配效应。直接税系、间接税系、社会保障税系等在收入分配上的作用是不同的，三者占总税收收入的比重变化引起的税制结构变动对收入分配也将造成不同的影响结果。第二，税制结构通过税种结构变动产生收入分配效应。税种在调节收入分配差距的手段中是最直接，也是必需的手段。累进的个人所得税、遗产税、赠与税通过增加富人的税负将收入转嫁到穷人手中，再结合政府实施的转移支付手段，可以有效地进行收入分配差距调节。将税系结构和税种结构两者综合下来考虑，改变税系结构继而引导其中包含的税种结构进行改革是税制结构实现收入分配效应的有效途径。

1. 直接税系的收入分配效应

纳税人在纳税时，会根据比例、累进和累退三种情况以真实份额为依据来承担某种税收。收入和应纳税额的比率稳定不变，并且与收入水平高低无关的税种就是比例税。累退税就是平均税率随收入的提高而下降的税种；反之，累进税制就是平均税率随着收入的增长而提高的税种。累进税制的平均税率随着收入上升而导致税负与收入间的正向变动，有利于实现公平目标。

以收益所得额为课税对象的税种为所得税，所得税是直接税中的主要税种之一。因为直接与纳税人相关联的是个人或者企业的所得收益，从而导致不能把税负转移到另外的纳税者身上，而且计税依据是根据收入高低来统计的，这也就意味着其能够更好地体现"能力原则"。与此同时，所得税通过设置累进的税率而具有累进特征，所得税的累进性可以基于收入不同而缴纳不同的所得税，并通过将高收入者的可支配收入转移给低收入者的途径缩小收入分配差距。直接税中的个人所得税的征税对象是个人收入，个人收入体现的是财富流量的概念。在个人所得税中，个人是纳税人也是负税人，个人应税所得多则意味着个人的税收负担能力相对较强。个人所得税的累进税率设计在如实申报和及时代扣个人收入的情况下能够对高收入者的收入进行调节，在纵向上实现公平。

作为直接税的另一主要税种——财产税的课税对象是各类动产和不动产的数量或价值。财产税是对持有的财产征税，征税对象可能是所有财产也可能是特定的财产。财产税的纳税人即为财产的拥有者，所以财产税比较难转嫁，其调节效果也比较高。在征收财产税时需要有与之对应的财产登记制度，从而解决财产隐蔽难以计征的难题。在财产税征收方面，个人财富中的固定资产以及动产都被归入了征收范围。为了实现像个人所得税的收入分配效果，就必须保证负税人就是房屋的所有者，以及课征房产税的对象是个人所拥有的房产价值。赠与税和遗产税是在财产拥有者为了避税进行财产转移时产生"收网"作用的税种，这两种税能够一定程度上缓解财产代际转移造成的起点不公平，减缓收入分配差距。

2. 间接税系的收入分配效应

直接税转嫁很难实现，而间接税则可以在商品交换过程中通过改变价格转嫁税负。换言之，生产商品，或者是销售商品者都可以通过价格来实现税费转嫁，而最终的间接税负都是由消费者承担。虽然每个人的消费状况与其收入状况关联性很大，然而，必需品的消费额与收入的关联性却比较小，且常常不是正相关关系。因此，对于价格弹性小的商品如生活必需品征流转税时，通过税收转嫁，不利于缩小收入差距。

例如，间接税里的增值税，增值税对于其征税范围的消费品实行统一的税率，商品不论价格高低均采用比例税率。但是，根据凯恩斯的"边际消费倾向递减"规律，低收入居民的边际消费倾向高，用于必需品的消费更多，也就承担着更高的间接税税负，这就是收入越低，承担税负越重的累退性。

（二）中介变量二：价格水平

根据市场调节作用原理，市场运作永远以价格为基准。价格市场化是商品经济发展的必然，价格在税收波动中起到一个非常敏锐的作用。另外，商品价格和价格结构也深受税收的影响，商品生产者与消费者在对商品生产或者购买时，税收也是其生产和消费行为考虑的标准，整个经济链条也因为税收的波动而发生相应的波动。

其实，我们在购买商品的时候，负担的商品价格中就已经包含一定比例的税费，所以税收也是组成商品价格的重要部分。因此，物价上涨将会促使税收增加，同样，调高税收相应的商品价格也会上涨。商品价格中的税收成分主要是流转税，这些税占总税收收入的多少又是由一国的税制结构决定的，不同的税制结构对价格的影响也不同。

1. 以间接税为主的税制结构对价格的影响

价内税和价外税是间接税的两种主要表现形式。第一，价内税就包含在消费者购买商品时直接支付的货币中；第二，价外税是商品价格以外需缴纳的部分款项，价外税形式虽然价格不含税，但会对消费者的货币支付能力产生直接的影响。可见，无论间接税是采用价内税的形式还是采取价外税的形式，都会对价格体系产生一定程度的影响，虽然两者的影响方式和程度不同，但仍然都会对价格体系的结构调整造成影响。

2. 以直接税为主的税收结构对价格的调整

直接税通过税收负担对价格水平产生影响。以企业所得税为例，企业所得税作为损益类科目，在企业利润形成时，则会减少原有获益，增加成本费用，给企业带来税收负担，从而影响产品价格。若企业所得税的税负增加，则表明企业营业利润减少，要使获益平衡，则会调高产品的售出价格。在企业所要缴纳的企业所得税下降时，即使企业将利润水平保持不变，也有降低商品或服务售价的空间，为了增大销售量，企业可能会相应降低价格。

不管哪种税制结构都会对市场的价格水平和价格结构造成一定的影响，而价格水平与价格结构的改变会通过对居民的消费预期与跨期消费的影响而对整个社会的资源配置结构产生影响，从而影响居民的消费与消费行为。

总结以上推导过程与传导机制的分析，税制结构不仅对消费产生直接影响，还通过收入分配与价格水平这两个中介变量对消费产生间接的影响，图 2-2 表明了税制结构影响消费的机理。

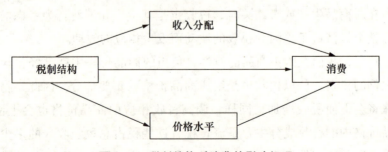

图 2-2 税制结构对消费的影响机理

### 三　主要税种调节消费的分析

政府征税一方面通过减少纳税人的可支配收入产生收入效应，另一方面也会改变当前消费与未来消费（储蓄）之间的相对价格，从而产生替代效应。然而，税收政策对居民消费需求产生的收入效应与替代效应的大小及正负要取决于政府是对所得、商品还是对财产征税，以及税制结构如何进行设计。[①]

（一）所得税对消费的影响

本书根据存款利息是否征税来全面分析所得税对于居民消费的影响，第一，居民消费在未开通存款利息所得税时受所得税的影响情况；第二，居民消费在开通存款利息所得税时所受的影响情况。

假定收入仅用于当前消费或储蓄以用于未来消费。对于收入效应来讲，征收税费就使纳税人的当前可支配额减少，同时减少消费情况和银行储蓄。若此时对于存款利息没有计征所得税，则对于市场价格不会产生替代效应。如图 2 - 3 所示，$C_1$ 表示现在消费，$C_2$ 表示未来消费，AB 表示收入预算，$U_0$ 表示无差异曲线。由图可见，AB 线与 $U_0$ 线相切。为方便研究，尽量使用单一变量，所以假设储蓄期限为 1 年，在第 2 期将所有储蓄消费掉。

当处于均衡点 $E_0$ 时，$OZ_0$ 是未来消费 $C_2$，而 $OX_0$ 是当前消费 $C_1$。如果用 r 表示 1 年期限的银行存款利率，则纳税人的税前收入 $Y = OX_0 + \dfrac{OZ_0}{(1+r)}$，其中储蓄额为 $\dfrac{OZ_0}{(1+r)}$。现在假定政府按比例税率 $t_1$ 征收个人所得税，则税后纳税人的可支配收入减少为 $Y(1-t_1)$。具体可以通过图 2 - 3 反映，FG 为预算线，由于根据政府比例征税，$OZ_0$ 和 $OX_0$ 将逐步降低，收入负效应由此出现。这种状况下的 FG 预算线和无差异曲线相切。此时，新的均衡点会出现，而未来消费 $C_2$ 则是 $OZ_1$，同时当前消费 $C_1$ 则是 $OX_1$。新的均衡点上税前收入 $Y_1 = OY_1 + \dfrac{OZ_1}{(1+r)}$，收入负效应出现，$C_1$ 降低了 $X_1X_0$，而 $C_2$ 降低了 $Z_1Z_0$。

① 储德银、闫伟：《税收政策与居民消费需求——基于结构效应视角的新思考》，《经济理论与经济管理》2012 年第 3 期。

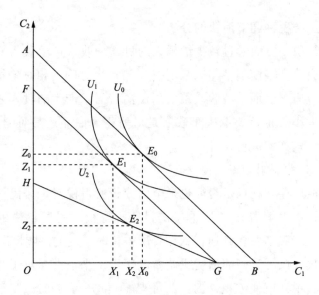

**图 2 - 3　个人所得税对消费的作用机制**

根据图 2 - 3，在存款利息不进行所得税征收时，个人所得税对居民消费仅存在收入负效应，这种收入负面影响直接压制了居民储蓄和消费能力。在税收征收利息所得税时，本书假定存款利息所得税采用比例税率。在图 2 - 3 中，存款利息所得可以在未来消费的变化中反映出来，假设按照政府规定对存款利息所得税进行开征，消费者将会降低未来消费，增加当期消费。在征收存款利息所得税的条件下，预算线 FG 变成了新的预算线 HG，新的相切点也由此出现，HG 和 $U_2$ 相切，$U_2$ 是无差异曲线，这两条线的切点为 $E_2$，$E_2$ 为新的均衡点。此时，$OZ_2$ 为未来消费，$OX_2$ 为当前消费。均衡点 $E_2$ 和 $E_1$ 相比，因为征收存款利息所得税导致的替代效应的产生，使消费者增加了 $X_1X_2$ 的当前消费增加，减少了 $Z_2Z_1$ 的未来消费。

综上所述，倘若取消对存款利息征收所得税，那么个人所得税将会降低居民消费，而同时未来消费和当前消费都会由此降低，然而，当对个人所得税征收存款利息所得税时，所得税对消费的作用不仅有收入负效应，还有替代正效应。从当前消费的角度出发，居民消费受到的收入负效应对当前消费有抑制作用，然而替代正效应却能够刺激当前消费的进一步增长。在这种情况下，当前消费的状态无法判断。所以如果存款利息所得税的替代效应较之收入效应要强，那么消费也随之增长。

（二）商品税对消费的影响

一般而言，商品税对居民消费具有替代效应。商品税的替代效应可以从两个方面进行分析：第一，倘若居民收入分为两部分进行分配，一部分用来消费，另一部分用来储蓄，那么商品税通过影响消费提高了消费与储蓄之间的相对价格，让消费相对储蓄而言变得更为昂贵，这种情况下，理性的消费者会通过增加储蓄，减少当期消费的方式来应对商品税的替代负效应。此时，商品税对居民消费造成了挤出效果。第二，政府课征商品税时，可以对不同的商品或服务选取不同的税率。上涨价格是商品税通常转嫁税负的方式，以此将商品税费转移到消费者身上，这时课税或课高税的商品或服务的价格相较于未被课税或课低税的商品和服务价格涨幅更大。此时，商品税的替代性通过理性的消费者转而购买无税或轻税的商品或服务而对消费结构进行调节。

图 2-4 的基本假定和图 2-3 相同。通过分析商品税对消费的机制作用而知，当商品 $C_1$ 和商品 $C_2$ 征收同样的商品税时，预算线与无差异曲线相切于均衡点 $E_0$，$OX_0$ 表现为居民消费商品 $C_1$ 的量，而 $OZ_0$ 是居民消费商品 $C_2$ 的量。如果对商品 $C_1$ 课以重税，居民对商品 $C_1$ 的消费费用会因为商品税的增加而增加，对 $C_1$ 的消费量减少，因此居民此时的预算线性 AB 则生成为 AD，AD 和 $U_1$ 相切，$U_1$ 为无差异曲线，它们的切点为 $E_1$，新的均衡点出现，此时商品 $C_2$ 的消费量为 $OZ_1$，商品 $C_1$ 的消费量为 $OX_1$。在未对商品 $C_1$ 征收更高的商品税时，居民消费 $C_1$ 的消费量为 $OX_0$，对商品 $C_1$ 征收更高的商品税后消费最终降低为 $OX_1$，$X_1X_2$ 为居民消费 $C_1$ 的减少量。而居民消费 $C_2$ 由对商品 $C_1$ 征收更高的商品税前的 $OZ_0$ 增加到征收商品税后的 $OZ_1$，$Z_1Z_0$ 为消费 $C_2$ 的增加量，居民消费 $C_2$ 一部分替代了消费 $C_1$，商品税对居民消费结构造成了替代效应。

综合上面的分析可知，政府可通过征收选择性商品税或对不同商品实行差别税率以对消费结构进行调节居民，引导居民良性消费，让居民消费观念得以改善。同时，如果一国想要解决居民高储蓄、低消费的问题则应适当降低商品税占总税收收入的比重，提高所得税占总税收收入的比重。

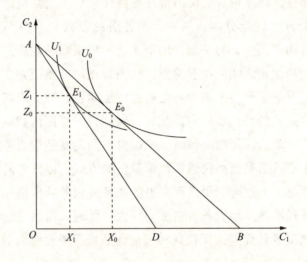

**图 2 - 4　商品税对消费的作用机制**

（三）财产税对消费的影响

综观不同国家的税收系统，地方政府财务收入主要源自财产税。一般而言，居民当前的消费不会因为国家征收财产税而受到很大的影响，产生这种现象的原因主要在于财产存量在没有变现的情况下无法直接产生消费。财产税对于当前消费的影响主要是通过财产购买与消费两者间的替代效应来实现，通过征收财产税，财产价值增加导致理性消费者增加消费、减少财产购买，从而产生了财产与消费之间的替代效应。所以，财产税的征收一定程度上可以刺激消费，降低储蓄率。

从图 2 - 5 可知，财产税未征收之时，预算约束线 AB 和无差异曲线 $U_0$ 相切于均衡点 $E_0$，$OZ_0$ 是居民储蓄 $C_2$，而 $OX_0$ 是居民消费 $C_1$。当居民的财产需要征收税费时，或者居民财产转移需要征收税费时，其财产所得会相应降低，和当前消费相比，其储蓄费用会上升，此时居民收入预算转变为 BF，BF 与 $U_1$ 相切，$U_1$ 是征收财产税后的无差异曲线，切点为 $E_1$，$E_1$ 是新均衡点，此时的 $OZ_1$ 为储蓄，$OX_1$ 为当前消费。财产税征收后，$X_1X_0$、$Z_1Z_0$ 分别为当前消费增加和储蓄减少数值，也就是财产税的替代效应由此出现。

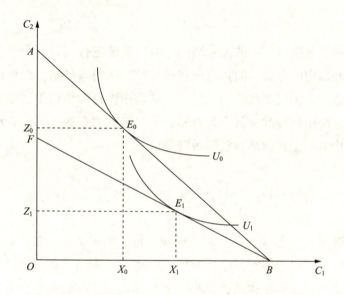

图 2 − 5　财产税对消费的作用机制

# 第三章　中国现行税制结构与
消费状况的统计分析

本章将对中国现行的税制结构与消费状况进行统计分析。在第一节从税制结构的分类、间接税或直接税结构、税系结构、税种结构四个方面分析中国税制结构的特征，并结合中国税制结构累进程度测算对中国税制结构现状进行全面考察；第二节从消费规模、消费水平与消费结构对中国目前消费状况进行分析。

## 第一节　中国现行税制结构状况

1994 年的分税制改革奠定了中国现行的税制结构，之后中国还进行了三次不同目的的税制结构调整：1998 年为调节内需不足和供给结构失调而做的税制结构调整、2004 年以市场公平与收入分配为目标的税制结构调整以及 2008 年之后以优化经济结构为目标推行的有增有减的结构性减税政策。虽然 1998 年、2004 年、2008 年的三次税制结构调整对 1994 年分税制改革以来形成的税制结构进行了一些变革，但我国税制结构的基本框架整体上仍然与 1994 年形成的框架一致。

**一　中国现行税制结构特征分析**

（一）中国现行税制结构构成

目前，中国的税收制度一共开征 19 种税收，即增值税、消费税、营业税①、车辆购置税、关税、企业所得税、个人所得税、城市维护

---

① 2012 年，我国开始实行"营改增"改革，并在上海开始试点，2016 年 5 月 1 日起全面施行"营改增"。因为本书由博士学位论文整理而得，且成书有一定的时间，数据只更新至 2014 年，为研究需要，仍将营业税作为一大税种纳入分析。

建设税、土地增值税、城镇土地使用税、房产税、资源税、耕地占用税、契税、印花税、车船税、船舶吨税、烟叶税和固定资产投资方向调节税，其中固定资产投资方向调节税已停止征收。

根据税负能否转嫁，税制结构可分为间接税与直接税。因为税种划分相关理论的不完善，以及税制实践中存在一些不合理税种，理论界并没有对直接税与间接税有统一的划分标准，本书将中国的 19 种税收粗略地划分为如表 3 – 1 所示。

表 3 – 1　　　　　　　　中国现行间接税与直接税的划分

| | |
|---|---|
| 间接税 | 增值税 |
| | 消费税 |
| | 营业税 |
| | 关税 |
| | 资源税 |
| | 城镇土地使用税 |
| | 城市维护建设税 |
| | 耕地占用税 |
| | 固定资产投资方向调节税 |
| | 烟叶税 |
| | 土地增值税 |
| 直接税 | 企业所得税 |
| | 个人所得税 |
| | 房产税 |
| | 车船使用税 |
| | 船舶吨税 |
| | 印花税 |
| | 契税 |
| | 车辆购置税 |

不同税种的主次搭配构成不同的税系，税系结构即为一个国家或地区税制内部不同税系的构建。根据第一章的概念，本书将中国税系

结构分为四大税系，即流转税系、所得税系、财产税系和其他税系，税系内税种的构成如图 3 - 1 所示。

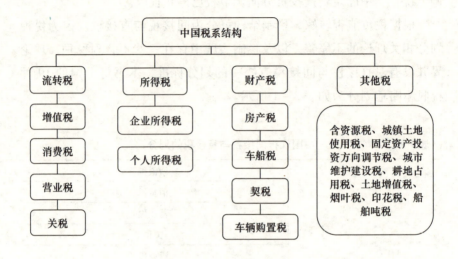

图 3 - 1　中国税系结构

（二）中国间接税与直接税结构分析

在对中国税制结构进行分析时，本书选取的数据区间为 1994—2014 年。主要原因是 1994 年的分税制改革建立了我国相对稳定的税收体系，虽然之后仍有几次调整，但调整幅度都不大，而且基本上是在税种内部进行调整。1994—2014 年中国间接税与直接税结构情况见表 3 - 2。

表 3 - 2　　　　1994—2014 年中国间接税与直接税结构情况

| 年份 | 税收总收入 | | 间接税 | | | 直接税 | | |
|---|---|---|---|---|---|---|---|---|
| | 绝对数（亿元） | 增长速度（%） | 绝对数（亿元） | 增长速度（%） | 间接税占税收收入比重（%） | 绝对数（亿元） | 增长速度（%） | 直接税占税收收入比重（%） |
| 1994 | 5126.88 | 20.48 | 4200.54 | 18.39 | 81.93 | 926.34 | 31.00 | 18.07 |
| 1995 | 6038.04 | 17.77 | 5009.84 | 19.27 | 82.97 | 1028.20 | 11.00 | 17.03 |
| 1996 | 6909.82 | 14.44 | 5458.91 | 8.96 | 79.00 | 1450.91 | 41.11 | 21.00 |

续表

| 年份 | 税收总收入 | | 间接税 | | | 直接税 | | |
|---|---|---|---|---|---|---|---|---|
| | 绝对数（亿元） | 增长速度(%) | 绝对数（亿元） | 增长速度(%) | 间接税占税收收入比重(%) | 绝对数（亿元） | 增长速度(%) | 直接税占税收收入比重(%) |
| 1997 | 8234.04 | 19.16 | 6571.17 | 20.38 | 79.80 | 1662.87 | 14.61 | 20.20 |
| 1998 | 9262.80 | 12.49 | 7408.99 | 12.75 | 79.99 | 1853.81 | 11.48 | 20.01 |
| 1999 | 10682.58 | 15.33 | 8458.40 | 14.16 | 79.18 | 2224.18 | 19.98 | 20.82 |
| 2000 | 12581.51 | 17.78 | 9264.39 | 9.53 | 73.63 | 3317.12 | 49.14 | 26.37 |
| 2001 | 15301.38 | 21.62 | 10668.78 | 15.16 | 69.72 | 4632.60 | 39.66 | 30.28 |
| 2002 | 17636.45 | 15.26 | 13106.92 | 22.85 | 74.32 | 4529.53 | −2.22 | 25.68 |
| 2003 | 20017.31 | 13.50 | 14148.93 | 7.95 | 70.68 | 5868.38 | 29.56 | 29.32 |
| 2004 | 24165.68 | 20.72 | 16587.37 | 17.23 | 68.64 | 7578.31 | 29.14 | 31.36 |
| 2005 | 28778.54 | 19.09 | 19178.28 | 15.62 | 66.64 | 9600.26 | 26.68 | 33.36 |
| 2006 | 34804.35 | 20.94 | 22774.23 | 18.75 | 65.44 | 12030.12 | 25.31 | 34.56 |
| 2007 | 45621.97 | 31.08 | 27755.38 | 21.87 | 60.84 | 17866.59 | 48.52 | 39.16 |
| 2008 | 54223.79 | 18.85 | 33864.30 | 22.01 | 62.45 | 20359.49 | 13.95 | 37.55 |
| 2009 | 59521.59 | 9.77 | 38631.18 | 14.08 | 64.90 | 20890.41 | 2.61 | 35.10 |
| 2010 | 73210.79 | 23.00 | 47389.63 | 22.67 | 64.73 | 25821.16 | 23.60 | 35.27 |
| 2011 | 89738.39 | 22.58 | 56822.77 | 19.91 | 63.32 | 32915.62 | 27.48 | 36.68 |
| 2012 | 100614.30 | 12.12 | 64947.66 | 14.30 | 64.55 | 35666.62 | 8.36 | 35.45 |
| 2013 | 110530.70 | 9.86 | 70363.73 | 8.34 | 63.66 | 40166.97 | 12.62 | 36.34 |
| 2014 | 119175.30 | 7.82 | 76292.77 | 8.43 | 64.02 | 42882.54 | 6.76 | 35.98 |

资料来源：根据历年《中国统计年鉴》《中国税务年鉴》和《中国财政年鉴》计算、整理得来。

从表3-2和图3-2可以看出，1994—2014年间，中国税收总量、间接税、直接税都呈快速增长的趋势。中国1994—2014年21年间的税收总收入已从1994年的5126.88亿元增长到2014年的119175.30亿元，增长了20多倍，平均增长速度为17.32%。其中，间接税收入从1994年的4200.54亿元增加到2014年的76292.77亿元，增长了17倍多，平均增长速度为15.83%；直接税收入增长了40多倍，平均增长速度达22.32%。

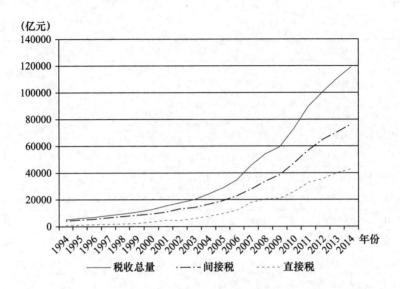

**图 3 - 2　1994—2014 年中国税收总量、间接税与直接税增长趋势**

资料来源：根据历年《中国统计年鉴》《中国税务年鉴》和《中国财政年鉴》整理得来。

　　从图 3 - 3 可以看出，虽然 1994—2014 年中国间接税比重有下降的趋势，直接税比重有上升的趋势，但是，目前中国间接税与直接税结构仍是以间接税为主体，直接税为辅的结构，1994—2014 年 21 年间，间接税占税收总额的平均值为 71.02%，远高于直接税占税收总额的平均值 28.98%。

　　自 1994 年分税制改革后，间接税在税制结构中就占据了主要地位，1994—2001 年间，间接税占总税收收入一直保持在 73.63%—82.97% 的高占比状态。以间接税为主的税制结构迎合了中国当时经济发展的需要，但具有"自动稳定器"特征的直接税占总税收收入比重过低导致其收入分配功能变弱。2001 年以后，我国直接税占总税收收入的份额才渐渐增加至 2014 年的 35.98%，间接税占总税收收入比重逐步下降，至 2014 年达到 64.02%，这意味着中国的税制结构的发展已一步步趋于良好。

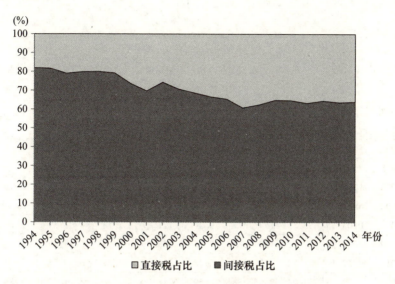

**图 3 - 3　1994—2014 年中国间接税与直接税占比**

资料来源：根据历年《中国统计年鉴》《中国税务年鉴》和《中国财政年鉴》计算、整理得来。

（三）中国税系结构分析

前文已指出，按照税种的主次搭配不同，中国税制结构可以分为四大税系，即流转税、所得税、财产税与其他税。表 3 - 3 和图 3 - 4 表明了 1994—2014 年中国税系结构的变动情况。

表 3 - 3　　　　　　　　　1994—2014 年中国税系结构变动情况

| 年份 | 流转税 | | 所得税 | | 财产税 | | 其他税 | |
|---|---|---|---|---|---|---|---|---|
| | 绝对值（亿元） | 占总税收比重（%） | 绝对值（亿元） | 占总税收比重（%） | 绝对值（亿元） | 占总税收比重（%） | 绝对值（亿元） | 占总税收比重（%） |
| 1994 | 3679.60 | 71.77 | 781.16 | 15.24 | 83.37 | 1.63 | 403.28 | 7.87 |
| 1995 | 4301.20 | 71.24 | 1009.94 | 16.73 | 99.96 | 1.66 | 413.47 | 6.85 |
| 1996 | 4674.65 | 67.65 | 1161.66 | 16.81 | 142.53 | 2.06 | 605.07 | 8.76 |
| 1997 | 5865.34 | 71.23 | 1223.11 | 14.85 | 173.48 | 2.11 | 776.71 | 9.43 |
| 1998 | 6624.83 | 71.52 | 1377.40 | 14.87 | 237.89 | 2.57 | 794.86 | 8.58 |
| 1999 | 7518.42 | 70.38 | 1641.50 | 15.37 | 300.35 | 2.81 | 918.80 | 8.60 |
| 2000 | 8846.98 | 70.32 | 2431.17 | 19.32 | 364.10 | 2.89 | 1124.63 | 8.94 |
| 2001 | 9308.94 | 60.84 | 3630.49 | 23.73 | 665.07 | 4.35 | 943.71 | 6.17 |

续表

| 年份 | 流转税 | | 所得税 | | 财产税 | | 其他税 | |
|---|---|---|---|---|---|---|---|---|
| | 绝对值（亿元） | 占总税收比重（%） | 绝对值（亿元） | 占总税收比重（%） | 绝对值（亿元） | 占总税收比重（%） | 绝对值（亿元） | 占总税收比重（%） |
| 2002 | 12385.55 | 70.23 | 3799.75 | 21.54 | 550.36 | 3.12 | 897.05 | 5.09 |
| 2003 | 12316.58 | 61.53 | 4464.97 | 22.31 | 1188.41 | 5.94 | 1023.92 | 5.12 |
| 2004 | 15060.68 | 62.32 | 5811.18 | 24.05 | 1476.85 | 6.11 | 1368.16 | 5.66 |
| 2005 | 17630.46 | 61.26 | 7605.27 | 26.43 | 1768.14 | 6.14 | 1585.92 | 5.51 |
| 2006 | 21052.01 | 60.49 | 9533.57 | 27.39 | 2119.91 | 6.09 | 2144.97 | 6.16 |
| 2007 | 25832.23 | 56.62 | 12859.93 | 28.19 | 2726.71 | 5.98 | 4719.49 | 10.34 |
| 2008 | 30105.95 | 55.52 | 15917.47 | 29.36 | 3121.87 | 5.76 | 4703.51 | 8.67 |
| 2009 | 34079.98 | 57.26 | 16099.85 | 27.05 | 3889.09 | 6.53 | 5138.18 | 8.63 |
| 2010 | 40867.19 | 55.82 | 19386.17 | 26.48 | 5393.12 | 7.37 | 6592.95 | 9.01 |
| 2011 | 47779.15 | 53.24 | 25656.88 | 28.59 | 6215.00 | 6.93 | 8871.92 | 9.89 |
| 2012 | 52984.65 | 52.66 | 27828.18 | 27.66 | 6851.65 | 6.81 | 11008.58 | 10.94 |
| 2013 | 57096.44 | 51.66 | 30411.12 | 27.51 | 8466.82 | 7.66 | 12617.01 | 11.41 |
| 2014 | 60387.62 | 50.67 | 32018.80 | 26.87 | 9278.51 | 7.79 | 14421.54 | 12.10 |

资料来源：根据历年《中国统计年鉴》《中国税务年鉴》和《中国财政年鉴》计算、整理得来。

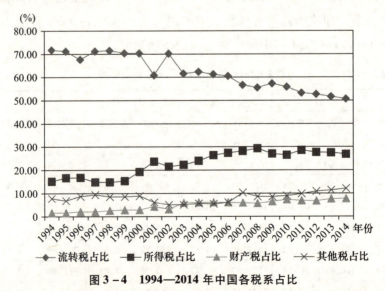

图 3-4  1994—2014 年中国各税系占比

资料来源：根据历年《中国统计年鉴》《中国税务年鉴》和《中国财政年鉴》计算、整理得来。

从图 3 - 4 可以看出，虽然 1994—2014 年，中国流转税占总税收收入比重呈下降趋势，但中国的税制结构以流转税为主体的特征仍很突出。在 2000 年以前，流转税基本占当年税收总收入的近 70%。而同期所得税比重仅占 16%，处于相对次要位置。财产税所占比重非常低，1994—2014 年，财产税平均占比 4.87%，调节作用有限。

1994—2014 年间，所得税占税收总收入的比重逐步上升，从 1994 年的 15.24% 上升到 2014 年的 26.87%，已成为除流转税以外的主要税种，所得税的地位与作用正逐渐增加。随着中国经济的进一步发展，未来所得税收入在税收总收入中所占份额应该会逐步上升，中国税收制度构造逐渐由单一的以流转税为主体过渡到以流转税和所得税为双主体的税收制度。财产税占比虽然也呈上升趋势，但由于税收份额占比太低，制约了财产税的经济调节作用。

（四）中国税种结构分析

中国目前的主体税种是流转税与所得税，作为间接税系、直接税系的主体，1994—2014 年的流转税与所得税收入约占总税收收入的 85%。因此，本书在分析税种结构时，选取流转税和所得税里的主要几大税种进行分析，见表 3 - 4 和图 3 - 5。

表 3 - 4　　　　　　　1994—2014 年中国主要税种及其占比

| 年份 | 增值税 | | 消费税 | | 营业税 | | 企业所得税 | | 个人所得税 | |
|---|---|---|---|---|---|---|---|---|---|---|
| | 绝对值（亿元） | 占总税收比重（%） | 绝对值（亿元） | 占总税收比重（%） | 绝对值（亿元） | 占总税收比重（%） | 绝对值（亿元） | 占总税收比重（%） | 绝对值（亿元） | 占总税收比重（%） |
| 1994 | 2212.62 | 43.16 | 514.07 | 10.03 | 680.23 | 13.27 | 708.49 | 13.82 | 72.67 | 1.42 |
| 1995 | 2602.33 | 43.10 | 541.48 | 8.97 | 865.56 | 14.34 | 878.44 | 14.55 | 131.5 | 2.18 |
| 1996 | 2670.64 | 38.65 | 636.82 | 9.22 | 1065.35 | 15.42 | 968.48 | 14.02 | 193.18 | 2.80 |
| 1997 | 3481.28 | 42.28 | 711.15 | 8.64 | 1353.42 | 16.44 | 963.18 | 11.70 | 259.93 | 3.16 |
| 1998 | 3869.36 | 41.77 | 834.4 | 9.01 | 1608.03 | 17.36 | 1038.75 | 11.21 | 338.65 | 3.66 |
| 1999 | 4411.41 | 41.30 | 848.25 | 7.94 | 1696.53 | 15.88 | 1227.19 | 11.49 | 414.31 | 3.88 |
| 2000 | 5346.9 | 42.50 | 863.9 | 6.87 | 1885.7 | 14.99 | 1770.8 | 14.07 | 660.37 | 5.25 |
| 2001 | 5452.53 | 35.63 | 931.24 | 6.09 | 2084.65 | 13.62 | 2634.47 | 17.22 | 996.02 | 6.51 |
| 2002 | 8141.18 | 46.16 | 1072.47 | 6.08 | 2467.63 | 13.99 | 2588.68 | 14.68 | 1211.07 | 6.87 |
| 2003 | 7341.37 | 36.68 | 1183.21 | 5.91 | 2868.87 | 14.33 | 3047.64 | 15.23 | 1417.33 | 7.08 |

续表

| 年份 | 增值税 | | 消费税 | | 营业税 | | 企业所得税 | | 个人所得税 | |
|---|---|---|---|---|---|---|---|---|---|---|
| | 绝对值(亿元) | 占总税收比重(%) | 绝对值(亿元) | 占总税收比重(%) | 绝对值(亿元) | 占总税收比重(%) | 绝对值(亿元) | 占总税收比重(%) | 绝对值(亿元) | 占总税收比重(%) |
| 2004 | 8930.2 | 36.95 | 1503.13 | 6.22 | 3583.58 | 14.83 | 4074.98 | 16.86 | 1736.2 | 7.18 |
| 2005 | 10698.45 | 37.18 | 1634.32 | 5.68 | 4231.52 | 14.70 | 5511.31 | 19.15 | 2093.96 | 7.28 |
| 2006 | 12894.79 | 37.05 | 1885.69 | 5.42 | 5129.75 | 14.74 | 7080.9 | 20.34 | 2452.67 | 7.05 |
| 2007 | 15610.03 | 34.22 | 2206.83 | 4.84 | 6582.8 | 14.43 | 9674.99 | 21.21 | 3184.94 | 6.98 |
| 2008 | 18139.34 | 33.45 | 2568.26 | 4.74 | 7628.4 | 14.07 | 12195.16 | 22.49 | 3722.31 | 6.86 |
| 2009 | 18819.77 | 31.62 | 4761.21 | 8.00 | 9015.19 | 15.15 | 12156.26 | 20.42 | 3943.59 | 6.63 |
| 2010 | 21608.58 | 29.52 | 6071.54 | 8.29 | 11159.24 | 15.24 | 14548.9 | 19.87 | 4837.27 | 6.61 |
| 2011 | 24551.43 | 27.36 | 6988.73 | 7.79 | 13679.87 | 15.24 | 19602.8 | 21.84 | 6054.08 | 6.75 |
| 2012 | 26532.92 | 26.37 | 7916.58 | 7.87 | 15751.22 | 15.66 | 22007.86 | 21.87 | 5820.32 | 5.78 |
| 2013 | 28933.35 | 26.18 | 8293.94 | 7.50 | 17238.54 | 15.60 | 23879.59 | 21.60 | 6531.53 | 5.91 |
| 2014 | 30855.36 | 25.89 | 8907.12 | 7.47 | 17781.73 | 14.92 | 24642.19 | 20.68 | 7376.61 | 6.19 |

资料来源：根据历年《中国统计年鉴》《中国税务年鉴》和《中国财政年鉴》整理得来。

从税系内部结构看，增值税在流转税内部占据主要地位，1994—2014年增值税收入平均占流转税收入的比重达57.7%；营业税是流转税内部的第二大税种，1994—2014年营业税平均占流转税收入比重为24.43%；1994—2014年消费税仅为流转税收入的11.77%。所得税内部，大部分税收收入来源于企业所得税，1994—2014年企业所得税占所得税比重平均为76.29%；比较而言，1994—2014年的个人所得税仅占23.71%的所得税收入。

从各税种占税收总收入的比重变化趋势来看（见图3-5），1994—2014年，增值税占比下降较多，2014年的增值税占比较1994年下降17多个百分点；消费税与营业税大约维持在税收总收入的7%与15%；企业所得税占总税收收入的比重上升较快，从1994年占总税收收入的13.82%增长到2014年的20.68%，21年间企业所得税平均占税收总收入的17.35%；个人所得税占总税收的比重在1994—2014年间呈现先上升后下降的趋势，平均占比在5.5%的水平。

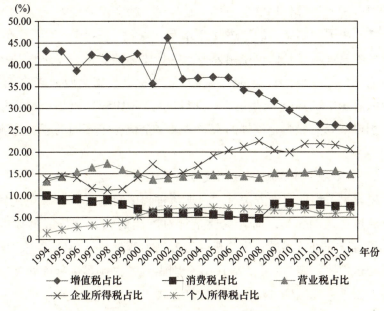

图3－5　1994—2014 年中国几大主要税种占比趋势

资料来源：根据历年《中国统计年鉴》《中国税务年鉴》和《中国财政年鉴》整理得来。

　　总结以上对中国1994—2014 年间税制结构现状的分析可以发现，中国目前税制结构呈现以下特征：其一，税收收入多年来保持着持续快速的增长，1994—2014 年平均增长率为17.32%，说明总体上中国的税制结构是符合中国经济发展需要的，并且税收的持续增长保证了政府的财政收入，奠定了宏观调控的基础；其二，中国的税收收入大部分来源于间接税，1994—2014 年间，中国间接税平均占71.04%，而根据前文的税制结构理论，间接税较直接税更容易带来税收的超额负担，且不易于税收公平；其三，虽然中国目前实行的是双主体的税制结构，但从税系构成来看，1994—2014 年，中国流转税平均占62.11%，所得税平均占22.87%，说明中国税制结构存在流转税比重偏高，所得税比重偏低的问题；其四，流转税内部增值税与营业税并存，且占流转税的比重较大，这两种税收共存容易导致重复征收的问题，而调节消费结构的消费税比重较低，所得税内部调节居民收入的个人所得税占比过低；其五，税种不够完善，中国目前还未征收对收入的再分配有调节作用的遗产税、赠与税、社会保障税等。

## 二　中国税制结构的累进程度分析

税收累进程度是评价税制公平性的重要标准。税收累进性是指随着收入的增加，与其对应的税率也会随之提高，即高收入者多纳税，低收入者少纳税甚至不纳税。[①] 马斯格雷夫（1959）指出，税收累进性增加或下降的概念是模糊的，其结果完全依赖于不同的累进性测度方法。[②]

（一）税制结构累进程度测度方法的选择

税收累进程度测试方法有"古典累进程度测度法"和"现代累进程度测度法"两大类，前者主要是针对不同的收入个体或群体的收入、税收数据进行累进程度分析，后者则为测量整体税制累进程度提供了测试方法。表3-5和表3-6分别表示各古典累进程度测度法与各现代累进程度测度方法的详细计算方式。[③]

表 3 – 5　　　　　　　　　　古典累进程度测度方法

| | 平均税率累进程度 | 边际税率累进程度 | 应纳税额累进程度 | 税后所得累进程度 |
|---|---|---|---|---|
| 基本公式 | $\dfrac{T_1/Y_1 - T_0/Y_0}{Y_1 - Y_0}$ | $\dfrac{\dfrac{T_2-T_1}{Y_2-Y_1} - \dfrac{T_1-T_0}{Y_1-Y_0}}{Y_2-Y_1}$ | $\dfrac{T_1-T_0}{T_0} \Big/ \dfrac{Y_1-Y_0}{Y_0}$ | $\dfrac{(Y_1-T_1)-(Y_0-T_0)}{Y_0-T_0} \Big/ \dfrac{Y_1-Y_0}{Y_0}$ |
| 等价公式 | $\dfrac{A_{1-0}-A_0}{Y_1-Y_0}$ | $\dfrac{M_{2-1}-M_{1-0}}{(Y_2-Y_1)-(Y_1-Y_0)}$ | $\dfrac{M_{1-0}}{A_0}$ | $\dfrac{1-M_{1-0}}{1-A_0}$ |
| 特征 累进税 | >0 | >0 | >1 | <1 |
| 特征 比例税 | =0 | =0 | =1 | =1 |
| 特征 累退税 | <0 | <0 | <1 | <1 |

注：$T_0$、$T_1$、$T_2$ 分别代表收入 $Y_0$、$Y_1$、$Y_2$ 的应纳税额，且 $Y_0 < Y_1 < Y_2$；$M$ 边际税率，$A$ 为平均税率。

---

①　姜昊：《中国税制累进程度研究》，硕士学位论文，内蒙古财经大学，2012 年。

②　Musgrave, R. A., *The Theory of Public Finance: A Study in Public Economy*, McGraw - Hill, 1959.

③　姜昊：《中国税制累进程度研究》，硕士学位论文，内蒙古财经大学，2012 年。

表 3 - 6　　　　　　　　　　现代累进程度测度方法

| | MTCP | YNCP1 | YNCP2 | K | S | KP |
|---|---|---|---|---|---|---|
| 基本公式 | $\dfrac{S_N}{S_X}$ | $\dfrac{S_X}{S_T}$ | $\dfrac{1}{2S_{Tt}}$ | $G_T - G_X$ | $G_{Tt}$ | $\gamma_t = \dfrac{\hat{\sigma}_{T,t}}{\hat{\sigma}_{Y,t}}$ |
| 等价公式 | $\dfrac{1-G_N}{1-G_X}$ | $\dfrac{1-G_X}{1-G_T}$ | $\dfrac{1}{1-G_{Tt}}$ | | | $\gamma_t = \dfrac{\dfrac{\{V[T(y_t)]\}^{1/2}}{E[T_t(y_t)]}}{\dfrac{[V(y_t)]^{1/2}}{E(y_t)}}$ |
| 特征　累进税 | >1 | >1 | >1 | >0 | >0 | >1 |
| 比例税 | =1 | =1 | =1 | =0 | =0 | =1 |
| 累退税 | <1 | <1 | <1 | <0 | <0 | <1 |

注：MTCP 界定为税后收入分布洛伦兹积分 $S_N$ 与税前收入分布洛伦兹积分 $S_X$ 的比率。YNCP1 界定为税前收入分布洛伦兹曲线积分 $S_T$ 与税收分布集中曲线积分 $T_S$ 的比率，YNCP2 界定为对角线右下方面积（其数值为 1/2）与税收分布集中曲线积分 $S_{Tt}$ 的比率。K 指数等于税收集中系数 $C_T$ 与税前收入基尼系数 $G_X$ 的差，即等于税收分布集中曲线与税前收入分布洛伦兹曲线围成面积的两倍（简称 K 指数）。S 指数等于税收分布集中系数 $C_{Tt}$，即等于对角线与税收集中曲线围成面积的两倍（简称 S 指数）。在 KP 指数中，Y 代表国民收入，T 代表税收收入，$\hat{\sigma}_{Y,t}$ 为第 $t$ 期国民收入的标准差与国民收入均值的比值，$\hat{\sigma}_{T,t}$ 为第 $t$ 期内税收收入的标准差与税收收入均值的比值。

相较于其他测量税制累进程度的方法，KP 指数法只需要宏观数据便可计算税制累进程度，因数据所限，本书选择用 KP 指数方法对中国整体税制结构及各主要税种的累进程度进行分析。

（二）中国主要税种的累进程度

中国的增值税、营业税、消费税、企业所得税以及个人所得税占税收收入的比重超过 80%，本节采用 KP 指数法对这五大主要税种的累进程度进行测度，各变量数据时间跨度为 1994—2014 年，来源于历年《中国统计年鉴》。运用 Eviews 软件计算出年度数据的平均值和标准差，根据 KP 指数计算公式，用各变量的标准差与均值除以 GDP 的标准差与均值的比值得到各税种的税收累进程度，如表 3 - 7 所示。

表 3 - 7                                中国各税种的 KP 累进指数

| 税种 | KP 累进指数 |
|------|-----------|
| 增值税 | 0. 967747597 |
| 营业税 | 0. 9851329 |
| 消费税 | 1. 202184 |
| 企业所得税 | 1. 3035435 |
| 个人所得税 | 1. 195665 |

根据 KP 指数，中国五大主要税种除了增值税、营业税呈累退性外，其他税种均呈现累进性。

（三）中国整体税制结构的累进程度

为了测量整体税制结构累进性，需在分别测量单个税种对整体税种累进度贡献的基础上将整体税制结构按税种分解。Kakwani（1977）指出，可以通过对单个税种的累进指数进行加权，再求和来计算整体税制结构的累进程度。[①] 设总税收函数 T(X) 为 n 个税种 $T_1(X)$，$T_2(X)$，…，$T_n(X)$ 之和，运用 Kakwani 方法可以得到：

$$C = \sum_{i=1}^{n} \frac{t_i}{t} C_i \qquad\qquad (3.1)$$

其中，$C_i$ 是第 $i$ 个税种的集中系数，$t_i$ 是第 $i$ 个税种的平均税率，$t$ 是整体税制的平均税率，可以进一步得到：

$$t = \sum_{i=1}^{n} \frac{t_i}{t} k_i \qquad\qquad (3.2)$$

其中，$k_i$ 是第 $i$ 个税种的累进程度，$k$ 代表整体税制累进程度。式（3.2）表明整体税制的累进性，其等于各个税种累进性加权之和，其中权重等于它们各自的平均税率。

本书出于数据可得性的考虑，将各税种占税收收入的比重作为权重计算整体税制的累进程度，进而式（3.2）可化为：

---

① Kakwani, N. C., "Measurement of Tax Progressivity: An International Comparison", *Economic Journal*, 1977, Vol. 87, pp. 71 - 80.

$$k = \sum_{i=1}^{n} \frac{T_i}{T} k_i \tag{3.3}$$

其中，$T_i$ 表示第 $i$ 种税收收入，$T$ 表示总税收收入。设每个税种对整体税制累进性的贡献率为 $S_i$，式（3.4）为其表达式：

$$S_i = \frac{T_i}{T} \frac{k_i}{k} \times 100\% \tag{3.4}$$

根据式（3.3）计算间接税、直接税、四大税系（流转税、所得税、财产税和其他税）与整体税制结构的 KP 累进指数如表 3 - 8 所示。

表 3 - 8 　　　　　　　　　中国税制结构的 KP 累进指数

| 税制结构 | KP 累进指数 |
| --- | --- |
| 间接税 | 0.726189 |
| 直接税 | 1.2855663 |
| 流转税 | 0.825263 |
| 所得税 | 0.992503 |
| 财产税 | 1.121292 |
| 其他税 | 1.137751 |
| 整体税制结构 | 0.888297 |

从表 3 - 8 可知，中国整体税制结构的 KP 累进指数小于 1，呈现累退性。中国间接税的 KP 累进指数仅为 0.726189，呈现较强的累退性，直接税的 KP 指数大于 1，呈现累进性。从税系的角度看，中国流转税与所得税均呈现累退性，而财产税与其他税呈现累进性。

# 第二节　中国目前的消费状况

中国改革开放以来进行的"以市场化为导向"的经济体制改革对发挥市场配置资源、激发生产活力、提高劳动生产率有重要促进作用，中国居民的收入水平、消费水平因此得到巨大提升。从社会消费品零售总额来看，1978 年中国社会消费品零售总额仅为 1558.6 亿元，2014 年中国社会消费品零售总额增长至 271896 亿元，约增长了 173 倍；从居民消费总额来看，1978 年中国的城乡居民消费支出总额为 1759 亿元，2014 年中国城乡居民消费支出总额增长至 242927.4 亿元，约增长了 137 倍，其中城镇居民消费支出总额约增长了 281 倍，从 1978 年的 666.7 亿元增长至 2014 年的 188353.4 亿元，农村居民消费支出总额约增长了 78 倍，从 1978 年的 1092.4 亿元增长至 2014 年的 86523.3 亿元；从消费水平来看，中国居民消费水平从 1978 年的 184 元增长至 2014 年的 17806 元，约增长了 95 倍，其中城镇居民消费水平从 1978 年的 405 元增长至 2014 年的 25449 元，约增长了 62 倍，农村居民消费水平从 1978 年的 138 元增长至 2014 年的 8744 元，约增长了 62 倍；从人均消费性支出来看，中国城镇居民人均消费性支出从 1978 年的 311.2 元增长至 2014 年的 19968.1 元，约增长了 63 倍；农村居民人均消费性支出从 1978 年的 116.1 元增长至 2014 年的 8382.6 元，约增长了 71 倍。[①] 尽管中国整体的消费水平得到了大大的提升，但是，消费需求内部结构却出现了失衡的现象，如政府消费与居民消费比例失衡，消费的城乡二元结构，并且相较于收入水平的快速增长，消费倾向却呈下降趋势。本节从消费规模、消费水平和消费结构三方面分析中国的消费需求，以便全面、深入地了解中国目前的消费状况。

## 一　中国消费规模分析

### （一）中国消费规模不断扩大

本书采用最终消费与社会消费品零售总额两个指标衡量中国的消费规模，从表 3 - 9 可知，中国最终消费从 1994 年的 28305.9 亿元增长到 2014 年的 329450.8 亿元，约增长了 10.6 倍，年均增长率达 14.25%，社会消费品零售总额从 1994 年的 16264 亿元增长到 2014 年的 271896 亿元，约增长了 15.7 倍，年均增长率为 16.17%。图 3 - 6 更直观地表达了中国消费规模不断扩大的趋势。

---

① 数据来源于历年《中国统计年鉴》。

表 3 - 9　　　　　　　　　　1994—2014 年中国的消费规模

| 年份 | 最终消费 | | 社会消费品零售总额 | |
|------|----------|--------|----------|--------|
| | 绝对值（亿元） | 增长率（%） | 绝对值（亿元） | 增长率（%） |
| 1994 | 28305.9 | 35.91 | 16264 | 30.51 |
| 1995 | 36225.7 | 27.98 | 20620 | 26.78 |
| 1996 | 43117.6 | 19.02 | 24774 | 20.15 |
| 1997 | 47556.7 | 10.30 | 27299 | 10.19 |
| 1998 | 51509.8 | 8.31 | 29153 | 6.79 |
| 1999 | 56681.9 | 10.04 | 31135 | 6.80 |
| 2000 | 63729.2 | 12.43 | 34153 | 9.69 |
| 2001 | 68617.2 | 7.67 | 37595 | 10.08 |
| 2002 | 74171.7 | 8.09 | 42027 | 11.79 |
| 2003 | 79641.5 | 7.37 | 45842 | 9.08 |
| 2004 | 89224.8 | 12.03 | 59505 | 29.80 |
| 2005 | 101604.2 | 13.87 | 57177 | -3.91 |
| 2006 | 114894.9 | 13.08 | 76410 | 33.64 |
| 2007 | 136438.7 | 18.75 | 89210 | 16.75 |
| 2008 | 157746.3 | 15.62 | 114830 | 28.72 |
| 2009 | 173093.0 | 9.73 | 132678 | 15.54 |
| 2010 | 199508.4 | 15.26 | 156998 | 18.33 |
| 2011 | 241579.1 | 21.09 | 183919 | 17.15 |
| 2012 | 271718.6 | 12.48 | 210307 | 14.35 |
| 2013 | 301008.4 | 10.78 | 242843 | 15.47 |
| 2014 | 329450.8 | 9.45 | 271896 | 11.96 |

资料来源：历年《中国统计年鉴》。

（二）消费需求不足

根据表 3 - 10，1994—2014 年，中国平均最终消费率为 56.74%，2014 年中国消费率为 51.79%，低于 75%—85% 的世界平均消费率水平。不仅如此，占我国最终消费近 75% 的居民消费率也同样处于较低水平，1994—2014 年中国居民消费率基本保持在 36.38%—52.67%，21 年平均居民消费率仅为 42.23%。著名经济学家霍利斯·钱纳里研

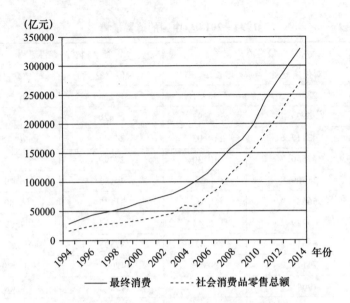

**图 3 - 6    1994—2014 年中国消费规模增长趋势**

资料来源: 历年《中国统计年鉴》。

究发现, 当人均 GDP 达到 1000 美元左右时, 世界各国的居民消费率一般为 61%。中国早在 1997 年, 人均 GDP 就接近 1000 美元, 但当时的居民消费率仅为 46.38%。

表 3 - 10              1994—2014 年中国消费率情况              单位:%

| 年份 | 最终消费率 | 居民消费率 |
|------|-----------|-----------|
| 1994 | 58.73 | 44.50 |
| 1995 | 59.59 | 46.18 |
| 1996 | 60.58 | 47.29 |
| 1997 | 60.22 | 46.38 |
| 1998 | 61.03 | 46.00 |
| 1999 | 63.21 | 46.74 |
| 2000 | 71.43 | 52.67 |
| 2001 | 62.58 | 46.24 |
| 2002 | 61.64 | 45.77 |

续表

| 年份 | 最终消费率 | 居民消费率 |
|------|-----------|-----------|
| 2003 | 58.64 | 43.69 |
| 2004 | 55.81 | 41.65 |
| 2005 | 54.94 | 40.68 |
| 2006 | 53.11 | 38.89 |
| 2007 | 51.33 | 37.54 |
| 2008 | 50.23 | 36.73 |
| 2009 | 50.77 | 37.15 |
| 2010 | 49.69 | 36.38 |
| 2011 | 51.06 | 37.31 |
| 2012 | 52.31 | 38.22 |
| 2013 | 52.92 | 38.63 |
| 2014 | 51.79 | 38.19 |

资料来源：历年《中国统计年鉴》。

　　另外，从图 3 - 7 可以看出，中国最终消费率与居民消费率在1997—2000 年间出现了短时间上升后便开始持续下降，而且逐年下降的趋势明显。最终消费率由 2000 年的 71.43% 下降到 2014 年的51.79%，下降了 19.64 个百分点，居民消费率由 2000 年的 52.67%下降到 2014 年的 38.19%，下降了 14.48 个百分点。中国居民消费率水平偏低且呈持续下降趋势，不仅说明中国居民消费需求不足，更重要的是反映了中国经济增长的动力不足。

（三）消费对经济增长作用情况

　　拉动经济增长的是投资、消费和净出口。在三大需求中，投资需求是引致需求，消费需求是最终需求。因此，消费需求是拉动经济增长最积极、最有效的因素，经济增长最终靠消费来拉动。[1] 长期以来，中国经济增长主要靠投资需求和外需来满足，自 2008 年金融危机以后，中国的出口占 GDP 比重逐渐下降，在这种情况下，投资和消费显得尤为重要。而近年来中国内需投资占 GDP 比重呈上升趋势，消费

----

① 胡雅梅：《中国居民消费倾向问题研究》，博士学位论文，中共中央党校，2013 年。

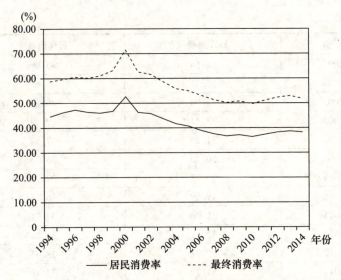

**图 3 - 7   1994—2014 年中国消费率变化趋势**

资料来源：根据历年《中国统计年鉴》相关数据计算得来。

占 GDP 比重却呈下降趋势（见图 3 - 8），这一现象不利于中国经济的
长期可持续发展。

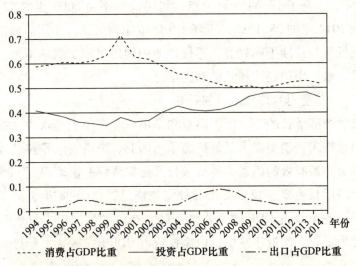

**图 3 - 8   1994—2014 年中国消费、投资、出口占 GDP 比重情况**

资料来源：根据历年《中国统计年鉴》相关数据计算得来。

在 GDP 的分配与使用中，投资所占比重不断上升，消费所占比重逐渐降低，这意味着消费的扩张力比较低，消费没有成为拉动经济增长的第一动力。投资和消费对经济增长的影响作用可以用投资贡献率和投资对经济增长的拉动，以及消费贡献率和消费对经济增长的拉动指标表示。[①] 投资贡献率、投资对 GDP 的拉动以及消费贡献率、消费对 GDP 的拉动可以用下面的公式表示：

投资贡献率 = Δ 投资/ΔGDP × 100%  (3.5)

投资对 GDP 的拉动 = 投资贡献率 × GDP 增长率 × 100%  (3.6)

消费贡献率 = Δ 消费/ΔGDP × 100%  (3.7)

消费对 GDP 的拉动 = 消费贡献率 × GDP 增长率 × 100%  (3.8)

从消费和投资对经济增长贡献率和拉动的比较来看（见表 3 – 11、图 3 – 9 和图 3 – 10），近 21 年以来，消费对经济增长的贡献是最大的，1994—2014 年对经济增长的年均贡献率为 51.4%，投资对经济增长的年均贡献率为 45.6%，消费对经济增长的贡献略高于投资。1994—2014 年，消费对经济的年均拉动为 3.8 个百分点，投资对经济的拉动为 3.4 个百分点。虽然投资与消费对经济的贡献率与拉动情况起伏较大，但仍可从图3 – 9 和图 3 – 10 看出，中国消费对经济的贡献率和拉动呈现下降趋势，投资对经济的贡献率和拉动呈现上升趋势。

表 3 – 11　1994—2014 年中国消费和投资对经济增长的贡献和拉动

| 年份 | 最终消费支出 | | 资本形成总额 | |
| --- | --- | --- | --- | --- |
| | 消费贡献率（%） | 拉动（百分点） | 资本贡献率（%） | 拉动（百分点） |
| 1994 | 30.2 | 4.0 | 43.8 | 5.7 |
| 1995 | 46.1 | 5.1 | 46.7 | 5.1 |
| 1996 | 60.1 | 6.0 | 34.3 | 3.4 |
| 1997 | 37.0 | 3.4 | 18.6 | 1.7 |
| 1998 | 57.1 | 4.4 | 26.4 | 2.1 |
| 1999 | 74.7 | 5.7 | 23.7 | 1.8 |

---

① 李颖：《基于我国内需结构失衡的财政货币政策协调配合研究》，博士学位论文，天津财经大学，2009 年。

续表

| 年份 | 最终消费支出 | | 资本形成总额 | |
|---|---|---|---|---|
| | 消费贡献率（%） | 拉动（百分点） | 资本贡献率（%） | 拉动（百分点） |
| 2000 | 78.9 | 6.6 | 21.6 | 1.8 |
| 2001 | 48.6 | 4.0 | 64.3 | 5.3 |
| 2002 | 57.3 | 5.2 | 37.9 | 3.4 |
| 2003 | 35.8 | 3.6 | 69.6 | 7.0 |
| 2004 | 43.0 | 4.3 | 61.3 | 6.2 |
| 2005 | 55.0 | 6.2 | 32.3 | 3.7 |
| 2006 | 42.4 | 5.4 | 42.3 | 5.4 |
| 2007 | 45.8 | 6.5 | 43.4 | 6.2 |
| 2008 | 45.0 | 4.3 | 52.3 | 5.0 |
| 2009 | 56.8 | 5.2 | 86.0 | 7.9 |
| 2010 | 46.3 | 4.9 | 65.2 | 6.9 |
| 2011 | 62.8 | 6.0 | 45.4 | 4.2 |
| 2012 | 56.5 | 4.3 | 41.8 | 3.2 |
| 2013 | 48.2 | 3.7 | 54.2 | 4.2 |
| 2014 | 51.6 | 3.8 | 46.7 | 3.4 |

资料来源：历年《中国统计年鉴》。

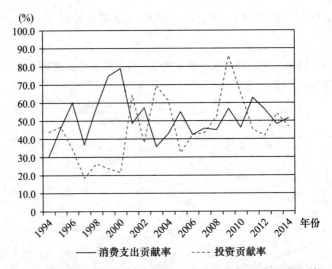

**图 3 - 9  1994—2014 年中国消费贡献率和投资贡献率变化情况**

资料来源：历年《中国统计年鉴》。

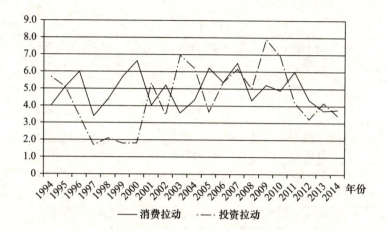

**图3-10　1994—2014年中国消费和投资对经济的拉动**

资料来源：历年《中国统计年鉴》。

## 二　中国消费水平分析

随着中国收入水平的不断增长，中国居民消费水平得到很大的提升。从表3-12可知，中国居民消费水平从1994年的1833元增长到2014年的17806.4元，增长了近9倍，年均增长率为12.17%，其中城镇居民消费水平从1994年的3852.0元增长到2014年的25448.5元，约增长5.6倍，年均增长率为10.01%，农村居民消费水平从1994年的1038.0元增长到2014年的8744.0元，约增长7.42倍，年均增长率为12.41%。

表3-12　　　　　　　　　1994—2014年中国消费水平

| 年份 | 居民消费水平（元） | 城镇居民消费水平（元） | 农村居民消费水平（元） |
|------|------|------|------|
| 1994 | 1833.0 | 3852.0 | 1038.0 |
| 1995 | 2330.0 | 4769.0 | 1917.0 |
| 1996 | 2789.0 | 5532.0 | 1626.0 |
| 1997 | 3002.0 | 5823.0 | 1722.0 |
| 1998 | 3159.0 | 6109.0 | 1730.0 |
| 1999 | 3346.0 | 6405.0 | 1766.0 |

续表

| 年份 | 居民消费水平（元） | 城镇居民消费水平（元） | 农村居民消费水平（元） |
|---|---|---|---|
| 2000 | 3721.4 | 6999.3 | 1917.0 |
| 2001 | 3987.0 | 7323.9 | 2032.1 |
| 2002 | 4301.5 | 7745.5 | 2156.7 |
| 2003 | 4606.0 | 8104.0 | 2292.2 |
| 2004 | 5137.6 | 8879.6 | 2521.4 |
| 2005 | 5770.6 | 9832.2 | 2783.6 |
| 2006 | 6416.3 | 10738.8 | 3065.5 |
| 2007 | 7572.2 | 12479.7 | 3537.8 |
| 2008 | 8707.0 | 14060.5 | 4065.1 |
| 2009 | 9514.4 | 15127.4 | 4401.7 |
| 2010 | 10918.5 | 17103.5 | 4940.8 |
| 2011 | 13133.6 | 19911.7 | 6187.5 |
| 2012 | 14698.9 | 21861.2 | 6963.9 |
| 2013 | 16190.2 | 23609.0 | 7773.4 |
| 2014 | 17806.4 | 25448.5 | 8744.0 |

资料来源：《中国统计年鉴》（2015）。

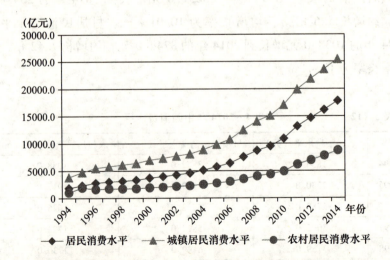

图 3－11　1994—2014 年中国城乡收入水平与消费水平趋势

资料来源：《中国统计年鉴》（2015）。

从图 3 - 11 可以看出，虽然中国居民消费水平不断增长，但是，城乡居民消费水平的差距却呈现越来越大的趋势。

平均消费倾向（APC）和边际消费倾向（MPC）变量是最为常用的反映消费水平的消费需求衡量指标，平均消费倾向是指消费在收入中所占比重。边际消费倾向是指消费增量在收入增量中所占比重，可见，在收入和收入增量一定的情况下，消费倾向的大小决定居民消费需求的大小。[1] 表 3 - 13 和图 3 - 12 反映了中国 1994—2014 年城镇居民和农村居民的消费倾向变化情况。

表 3 - 13 　　　中国 1994—2014 年城乡居民消费倾向变化情况

| 年份 | 中国居民 | | 城镇居民 | | 农村居民 | |
|---|---|---|---|---|---|---|
| | 平均消费倾向 | 边际消费倾向 | 平均消费倾向 | 边际消费倾向 | 平均消费倾向 | 边际消费倾向 |
| 1994 | 0.818 | 0.929 | 0.816 | 1.034 | 0.833 | 0.826 |
| 1995 | 0.815 | 0.802 | 0.826 | 0.872 | 0.831 | 0.823 |
| 1996 | 0.801 | 0.729 | 0.810 | 0.687 | 0.816 | 0.751 |
| 1997 | 0.783 | 0.578 | 0.811 | 0.829 | 0.774 | 0.275 |
| 1998 | 0.760 | 0.370 | 0.798 | 0.550 | 0.736 | - 0.373 |
| 1999 | 0.746 | 0.556 | 0.789 | 0.663 | 0.714 | - 0.267 |
| 2000 | 0.763 | 1.006 | 0.796 | 0.897 | 0.741 | 2.151 |
| 2001 | 0.748 | 0.593 | 0.774 | 0.537 | 0.736 | 0.627 |
| 2002 | 0.756 | 0.826 | 0.783 | 0.855 | 0.741 | 0.852 |
| 2003 | 0.749 | 0.680 | 0.769 | 0.625 | 0.741 | · 0.744 |
| 2004 | 0.746 | 0.724 | 0.762 | 0.707 | 0.744 | 0.770 |
| 2005 | 0.754 | 0.810 | 0.757 | 0.710 | 0.785 | 1.162 |
| 2006 | 0.740 | 0.641 | 0.740 | 0.595 | 0.789 | 0.825 |
| 2007 | 0.730 | 0.675 | 0.725 | 0.642 | 0.779 | 0.714 |
| 2008 | 0.716 | 0.630 | 0.712 | 0.624 | 0.769 | 0.704 |
| 2009 | 0.716 | 0.718 | 0.714 | 0.733 | 0.775 | 0.848 |
| 2010 | 0.704 | 0.610 | 0.705 | 0.624 | 0.740 | 0.507 |

---

[1]　黄露露：《促进居民消费的税收政策研究》，硕士学位论文，苏州大学，2012 年。

续表

| 年份 | 中国居民 | | 城镇居民 | | 农村居民 | |
|---|---|---|---|---|---|---|
| | 平均消费倾向 | 边际消费倾向 | 平均消费倾向 | 边际消费倾向 | 平均消费倾向 | 边际消费倾向 |
| 2011 | 0.698 | 0.667 | 0.695 | 0.626 | 0.748 | 0.793 |
| 2012 | 0.686 | 0.599 | 0.679 | 0.549 | 0.746 | 0.731 |
| 2013 | 0.714 | 0.963 | 0.699 | 0.953 | 0.794 | 1.042 |
| 2014 | 0.716 | 0.738 | 0.692 | 0.623 | 0.799 | 0.847 |

资料来源：根据历年《中国统计年鉴》相关数据计算得来。

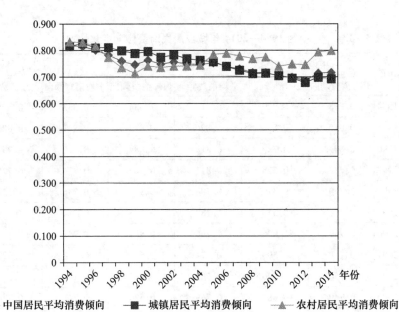

**图 3 - 12　中国 1994—2014 年城乡居民平均消费倾向变化**

资料来源：根据历年《中国统计年鉴》相关数据计算得来。

从图 3 - 12 可以看出，近年来，中国居民平均消费倾向、城镇居民平均消费倾向均呈现下降趋势，中国居民平均消费倾向从 1994 年的 0.818 下降至 2014 年的 0.716，城镇居民平均消费倾向从 1994 年的 0.816 下降至 2014 年的 0.692。而农村居民平均消费倾向则略有上升。从图 3 - 13 可以看出，居民的边际消费倾向与城镇居民边际消费倾向在 0.7 左右波动，而农村居民边际消费倾向则波动较大。1994—2014 年农村居民平均边际消费倾向为 0.763，而城镇居民平均消费倾向为 0.711，这意味着农村居民在每增加一块钱的收入中要投入更多到消费上。这种现象在农村居民收入水平远低于城镇居民收入水平、城乡消费差距不断扩大的情况下是非常不利于刺激消费需求的。

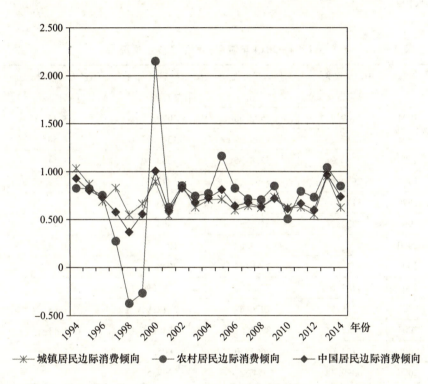

**图 3 - 13　中国 1994—2014 年城乡居民边际消费倾向变化**

资料来源：根据历年《中国统计年鉴》相关数据计算得来。

### 三　中国消费结构分析

（一）城乡居民消费结构

中国城乡居民的生活水平随着中国经济发展取得的重大成就而逐步得到改善。但 1994 年以来，中国内需不足问题、居民消费率偏低的问题一直存在，成为阻碍中国经济发展的重大问题。并且在居民消费中，农村居民的消费总量以及消费率较城市居民更低，消费需求不足现象更为突出。由表 3 – 14 可知，1994—2014 年间，中国城镇居民人均消费支出平均为农村居民人均消费支出的 3.31 倍。与此同时，由于城乡居民在收入水平、消费环境、市场规模以及消费理念上均存在很大的差距，农村居民的消费种类、消费数量和消费质量都比不上城镇居民。

表 3 – 14　　　　　1994—2014 年城乡人均消费支出情况

| 年份 | 中国居民人均消费支出（元） | 城镇居民人均消费支出（元） | 农村居民人均消费支出（元） | 城乡人均消费支出对比（农村居民 = 1） |
|---|---|---|---|---|
| 1994 | 1789.41 | 3592.08 | 1070.52 | 3.36 |
| 1995 | 2317.75 | 4700.97 | 1342.42 | 3.50 |
| 1996 | 2750.28 | 5228.75 | 1663.63 | 3.14 |
| 1997 | 2962.67 | 5491.99 | 1777.32 | 3.09 |
| 1998 | 3111.69 | 5755.39 | 1788.84 | 3.22 |
| 1999 | 3332.24 | 6195.57 | 1805.33 | 3.43 |
| 2000 | 3707.33 | 6834.82 | 1931.27 | 3.54 |
| 2001 | 3973.20 | 7159.48 | 2048.37 | 3.50 |
| 2002 | 4287.67 | 7579.80 | 2174.90 | 3.49 |
| 2003 | 4592.21 | 7936.62 | 2312.91 | 3.43 |
| 2004 | 5122.55 | 8723.61 | 2540.46 | 3.43 |
| 2005 | 5753.65 | 9663.50 | 2805.32 | 3.44 |
| 2006 | 6399.42 | 10547.54 | 3094.53 | 3.41 |
| 2007 | 7552.72 | 12238.35 | 3579.01 | 3.42 |
| 2008 | 8684.98 | 13861.11 | 4096.76 | 3.38 |
| 2009 | 9491.26 | 14880.14 | 4448.37 | 3.35 |
| 2010 | 10892.42 | 16788.68 | 5008.02 | 3.35 |
| 2011 | 13102.16 | 19608.95 | 6256.15 | 3.13 |
| 2012 | 14662.55 | 21538.30 | 7041.64 | 3.06 |
| 2013 | 16150.46 | 23297.50 | 7851.23 | 2.97 |
| 2014 | 17760.19 | 25141.94 | 8821.34 | 2.85 |

资料来源：《中国统计年鉴》（2015）。

从图 3 - 14 可看出，中国居民人均消费支出和城镇居民人均消费支出、农村居民人均消费支出虽然逐年增长，但是，城乡消费支出差距却呈不断扩大的趋势。进一步对比中国城乡居民消费占居民消费情况，如表 3 - 15 和图 3 - 15 所示，可以看出，人口比重较低的城镇地区居民消费支出较人口比重高的农村地区居民消费支出占比高，1994—2014 年，城镇人口占总人口比重的平均值为 41.63%，城镇居民消费支出占居民消费支出的比重却高达 69.57%，占总人口比重为 59.37% 的农村地区居民消费支出占居民消费支出的比重仅为 30.43%。而体现居民消费水平的居民消费倾向指数显示（见图 3 - 12 和图 3 - 13），中国农村的平均消费倾向与边际消费倾向均高于城镇平均与边际消费倾向，城乡的消费支出差距扩大趋势不利于中国消费需求的增长。

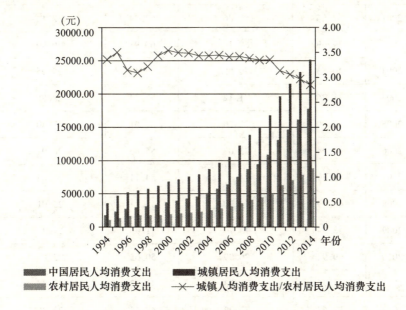

**图 3 - 14 1994—2014 年中国城乡居民人均消费支出变化情况**

资料来源：《中国统计年鉴》（2015）。

接下来，本书用衡量居民消费层次的恩格尔系数分析中国城乡居民消费在消费层次上存在的差异。恩格尔系数指的是食品支出占个人

表 3 – 15　　　　　　　 1994—2014 年中国城乡居民人口比重
与消费比重差异化对比　　　　　单位:%

| 年份 | 城镇人口占总人口比重 | 城镇居民消费支出占居民消费支出比重 | 农村人口占总人口比重 | 农村居民消费支出占居民消费支出比重 |
|---|---|---|---|---|
| 1994 | 28.51 | 57.23 | 71.49 | 42.77 |
| 1995 | 29.04 | 58.90 | 70.96 | 41.10 |
| 1996 | 30.48 | 57.95 | 69.52 | 42.05 |
| 1997 | 31.91 | 59.15 | 68.09 | 40.85 |
| 1998 | 33.35 | 61.68 | 66.65 | 38.32 |
| 1999 | 34.78 | 64.67 | 65.22 | 35.33 |
| 2000 | 36.22 | 66.77 | 63.78 | 33.23 |
| 2001 | 37.66 | 67.86 | 62.34 | 32.14 |
| 2002 | 39.09 | 69.10 | 60.91 | 30.90 |
| 2003 | 40.53 | 70.05 | 59.47 | 29.95 |
| 2004 | 41.76 | 71.12 | 58.24 | 28.88 |
| 2005 | 42.99 | 72.20 | 57.01 | 27.80 |
| 2006 | 44.34 | 73.09 | 55.66 | 26.91 |
| 2007 | 45.89 | 74.36 | 54.11 | 25.64 |
| 2008 | 46.99 | 74.99 | 53.01 | 25.01 |
| 2009 | 48.34 | 75.79 | 51.66 | 24.21 |
| 2010 | 49.95 | 76.99 | 50.05 | 23.01 |
| 2011 | 51.27 | 76.73 | 48.73 | 23.27 |
| 2012 | 52.57 | 77.22 | 47.43 | 22.78 |
| 2013 | 53.73 | 77.51 | 46.27 | 22.49 |
| 2014 | 54.77 | 77.53 | 45.23 | 22.47 |

资料来源：根据历年《中国统计年鉴》计算得来。

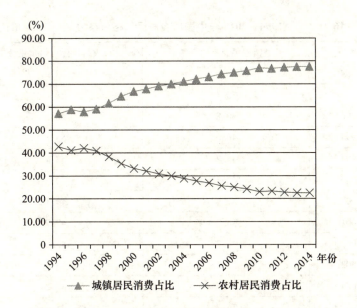

**图 3 – 15 1994—2014 年中国城乡居民消费占比情况**

资料来源：根据历年《中国统计年鉴》计算得来。

全部消费性支出总额的比重，恩格尔系数越小，食品支出占总支出比重越小，代表生活水平越高。1992 年，中国国家统计局提出了中国进入小康社会的各项主要指标的量化标准，其中，小康水平的恩格尔系数标准值为 47%—49%。① 从表 3 – 16 可以看出，中国城镇居民在 1996 年已经实现由温饱到小康的转变，在 2009 年实现了由小康到相对富裕的生活水平，农村居民则在 2002 年实现由温饱转变到小康。从图3 – 16可以看出，1994—2014 年，中国城镇居民恩格尔系数和农村居民恩格尔系数都呈下降趋势，其中城镇居民恩格尔系数从 1994 年的 50% 下降到 2014 年的 28.8%，农村居民恩格尔系数从 1994 年的 58.9% 下降到 2014 年的 31.9%。但总的来讲，农村居民恩格尔系数高于城镇居民恩格尔系数，1994—2014 年城镇居民恩格尔系数平均为 39.9%，而农村居民恩格尔系数则高达 47.1%。

---

① 王晓策：《中国经济发展的内需结构失衡问题研究》，博士学位论文，吉林大学，2012 年，第 72 页。

表 3 - 16　　　　　　1994—2014 年中国城乡居民恩格尔系数　　　　　单位：%

| 年份 | 城镇居民恩格尔系数 | 农村居民恩格尔系数 |
|---|---|---|
| 1994 | 50.0 | 58.9 |
| 1995 | 50.1 | 58.6 |
| 1996 | 48.8 | 56.3 |
| 1997 | 46.6 | 55.1 |
| 1998 | 44.7 | 53.4 |
| 1999 | 42.1 | 52.6 |
| 2000 | 39.4 | 49.1 |
| 2001 | 38.2 | 47.7 |
| 2002 | 37.7 | 46.2 |
| 2003 | 37.1 | 45.6 |
| 2004 | 37.7 | 47.2 |
| 2005 | 36.7 | 45.5 |
| 2006 | 35.8 | 43.0 |
| 2007 | 36.3 | 43.1 |
| 2008 | 37.9 | 43.7 |
| 2009 | 36.5 | 41.0 |
| 2010 | 35.7 | 41.1 |
| 2011 | 36.3 | 40.4 |
| 2012 | 36.2 | 39.3 |
| 2013 | 35.0 | 37.7 |
| 2014 | 28.8 | 31.9 |

资料来源：历年《中国统计年鉴》。

（二）居民消费与政府消费

根据消费主体的不同，最终消费由居民消费和政府消费两部分组成，两者在 GDP 中所占比重是最终消费内部一对重要的比例关系。分析政府消费率和居民消费率的变化，既有助于看清政府消费和居民消费的比例关系是否合理，也有助于分析政府规模是否过大。改革开放以来，随着中国政府职能范围的大幅度缩小，政府很多职能直接转给了企业、市场和家庭个人。但是，政府消费率不仅没有缩小，反而

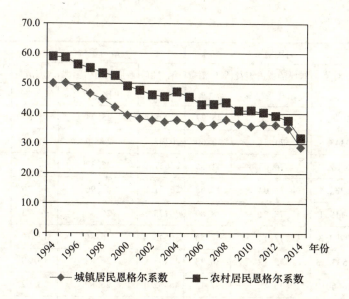

**图 3 – 16 1994—2014 中国城乡居民消费恩格尔系数变化趋势**

资料来源：历年《中国统计年鉴》。

有所提高。也就是说，消费率的下降主要表现为居民消费率的下降，且这种下降趋势仍未遏止，如表 3 – 17 所示。

表 3 – 17　　　　1994—2014 年中国政府消费和居民消费对比

| 年份 | 居民消费 | | | 政府消费 | | | 居民消费/政府消费 |
|------|----------|--|--|----------|--|--|------------------|
| | 绝对值（亿元） | 居民消费占消费支出比重（%） | 居民消费率（%） | 绝对值（亿元） | 政府消费占消费支出比重（%） | 政府消费率（%） | |
| 1994 | 21446.1 | 75.77 | 44.50 | 6859.8 | 24.23 | 14.23 | 3.1 |
| 1995 | 28072.9 | 77.49 | 46.18 | 8152.8 | 22.51 | 13.41 | 3.4 |
| 1996 | 33660.3 | 78.07 | 47.29 | 9457.2 | 21.93 | 13.29 | 3.6 |
| 1997 | 36626.3 | 77.02 | 46.38 | 10930.4 | 22.98 | 13.84 | 3.4 |
| 1998 | 38821.8 | 75.37 | 46.00 | 12688.0 | 24.63 | 15.03 | 3.1 |
| 1999 | 41914.9 | 73.95 | 46.74 | 14767.0 | 26.05 | 16.47 | 2.8 |
| 2000 | 46987.8 | 73.73 | 52.67 | 16741.5 | 26.27 | 18.77 | 2.8 |
| 2001 | 50708.8 | 73.90 | 46.24 | 17908.4 | 26.10 | 16.33 | 2.8 |

续表

| 年份 | 居民消费 | | | 政府消费 | | | 居民消费/政府消费 |
|------|----------|---|---|----------|---|---|--------------------|
| | 绝对值（亿元） | 居民消费占消费支出比重（%） | 居民消费率（%） | 绝对值（亿元） | 政府消费占消费支出比重（%） | 政府消费率（%） | |
| 2002 | 55076.4 | 74.26 | 45.77 | 19095.4 | 25.74 | 15.87 | 2.9 |
| 2003 | 59343.8 | 74.51 | 43.69 | 20297.7 | 25.49 | 14.94 | 2.9 |
| 2004 | 66587.0 | 74.63 | 41.65 | 22637.9 | 25.37 | 14.16 | 2.9 |
| 2005 | 75232.4 | 74.04 | 40.68 | 26371.8 | 25.96 | 14.26 | 2.9 |
| 2006 | 84119.1 | 73.21 | 38.89 | 30775.8 | 26.79 | 14.23 | 2.7 |
| 2007 | 99793.3 | 73.14 | 37.54 | 36645.4 | 26.86 | 13.79 | 2.7 |
| 2008 | 115338.3 | 73.12 | 36.73 | 42408.0 | 26.88 | 13.50 | 2.7 |
| 2009 | 126660.9 | 73.18 | 37.15 | 46432.1 | 26.82 | 13.62 | 2.7 |
| 2010 | 146057.6 | 73.21 | 36.38 | 53450.9 | 26.79 | 13.31 | 2.7 |
| 2011 | 176532.0 | 73.07 | 37.31 | 65047.2 | 26.93 | 13.75 | 2.7 |
| 2012 | 198536.8 | 73.07 | 38.22 | 73181.8 | 26.93 | 14.09 | 2.7 |
| 2013 | 219762.5 | 73.01 | 38.63 | 81245.9 | 26.99 | 14.28 | 2.7 |
| 2014 | 242927.4 | 73.74 | 38.19 | 86523.3 | 26.26 | 13.60 | 2.8 |

资料来源：根据历年《中国统计年鉴》整理计算得来。

从图 3-17 可见，1994—2014 年的 21 年间，中国居民消费和政府消费总额都呈增长态势，但是，居民消费/政府消费却逐年下降。从图3-18 可进一步看出，中国的最终消费率、居民消费率和居民消费占消费支出比重都呈下降趋势，而政府消费率却呈上升趋势，政府消费占消费支出比重保持平稳的状态。居民消费增长长期慢于 GDP 增长，造成居民消费率（居民消费与 GDP 之比）持续下降。居民消费率的持续走低，从另一个角度说明中国经济增长更多依靠投资需求的高速增长，长期维持这种高投资、低消费的状况容易造成中国部分行业产能过剩，供求失衡，最终将会影响到中国国民经济的健康持续发展。

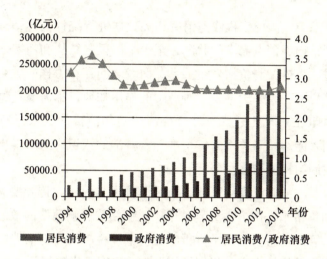

**图 3 - 17　1994—2014 年中国居民消费与政府消费总额及比例关系**

资料来源：根据历年《中国统计年鉴》整理计算得来。

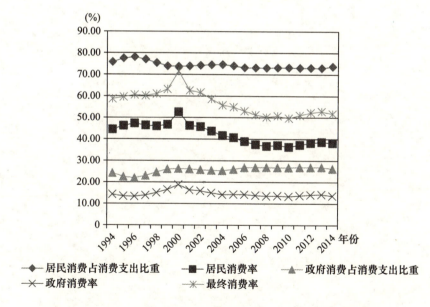

**图 3 - 18　1994—2014 年中国消费率及消费占 GDP 比重的变化趋势**

资料来源：根据历年《中国统计年鉴》整理计算得来。

　　本章基于中国历年税收与消费相关数据进行统计描述，分析中国现行税制结构、消费需求的状况，至于中国税制结构和消费之间到底如何通过收入分配与价格发生关系，两者之间存在怎样的关系，间接税与直接税、各税系、各税种对消费的作用如何，都需要通过建立计量模型来印证，而且只有通过对税制结构和消费的关系进行量化分析，我们才能对两者关系有一个准确、科学的认识，从而得出改进中国现行税制结构的依据。

　　第四章、第五章将从税制结构对消费影响的两大传导要素——收入分配和价格水平两方面分别就中国税制结构影响消费的效应进行计量分析，第六章将基于因子分析法分析中国税制结构与消费之间的关系，从而为最终给出中国税制结构调整的思路提供依据。

# 第四章　税制结构影响消费的机制

## ——收入分配途径

本书在第二章税制结构影响消费的理论分析中阐述了收入分配是税制结构影响消费的一个中介变量，本章则对税制结构具体如何影响收入分配，继而影响消费的传导机制进行分析，并基于中国的实际情况对三者关系进行实证研究。

## 第一节　税制结构、收入分配与消费的关系

### 一　税制结构对收入分配的作用机理

在第二章的税制结构与消费的机理一章分析中，我们知道，不同的税种由于性质、税率设置等的不同导致其对收入分配有着不同的作用，而税制结构由各税种构成，不同的税种在税制结构中有着不同的地位与数量占比，这也正是不同税制结构的区别所在，各税种不同的地位与数量占比导致不同的税制结构对收入分配的调节作用和方向也不同。

我们可以假定一个国家的税制结构由 n 种完备的税种构成，本书用 $I_1$，$I_2$，…，$I_n$ 来代表单个税种对于个人收入分配带来的影响，用 T 来代表税收总收入，此时不同税种收入可以使用 $T_1$，$T_2$，…，$T_n$ 来代表，在这样的基础上我们可以得出税制结构对于收入分配的影响：$E_T$。一般情况下探究此问题，都是以加权预算的方式来进行，并且依照不同税种在整个税制结构中的价值来进行判定：

$$E_T = I_1 \frac{T_1}{T} + I_2 \frac{T_2}{T} + \cdots + I_n \frac{T_n}{T} \tag{4.1}$$

对上式进行简化,得到:

$$E_T = \sum_{i=1}^{n} I_n \frac{T_n}{T} \tag{4.2}$$

对于上述模型进行分析,我们可以得出以下结论:各税种的调节情况,各税种在总税收收入上的数量对比关系的情况,是决定最终 $E_T$ 取值的重要因素。相对于间接税而言,直接税对于收入分配的影响更加明显,尤其在处于较大比重的时候,税制结构收入分配力度处于较大的状态,此时最终获取到的 $E_T$ 取值也比较大;反之,税制结构收入分配力度处于较小的状态,最终获取到的取值也比较小。下文从税制结构对收入分配的影响途径以及税制结构的累进程度对收入分配的影响两方面进一步探讨税制结构对收入分配的影响机理。

(一)税制结构对收入分配的影响途径

税制结构发生变动对收入分配造成影响需要从两个视角入手:其一,对于收入流量进行调整;其二,对于收入存量进行调整。

1. 税制结构变动从调整收入流量的角度影响初次收入分配

在国民经济发展中,初次分配的内容主要涉及劳动者工作收入、资本所有者获取到的利润收入和土地使用者凭借土地资源使用权转让获取到租金。在完善的市场机制条件下,虽然商品和要素自由流动,通过价格调节供需、配置资源,但是,由于微观主体的自然禀赋先天存在差异,这种差异导致初次收入分配格局存在不公平性;尤其在市场经济体制不是很完善的时候,各个要素之间的配置并不能达到理想的状态,要素价格扭曲导致不公平现象的发生,由此造成不同行为主体在收入方面起点的不一致,这是收入差距拉大的基点。简单来说,无论是使用市场机制,还是发挥政府宏观调控,都只是仅仅可以将收入差距控制在一定范围内,并不能产生立竿见影的效果。要想实现对收入分配的合理调整,更重要的还是要从税制结构调整的角度入手。

从当前各个国家税种结构设置来看,虽然各有不同,但是,在调节收入流量的过程中,都倾向于以征收个人所得税的方式为主导来进行，无论是设置宽免额，还是调整起征点，或者是累进税率，都可以作为调整个人所得税的重要方式。此外，征收（或增收）社会保障税也是实现收入再分配的有效手段。社会保障税，是以纳税人工资和薪酬为税收对象，要求雇主和雇员共同参与进去，由此实现社会保障税的交付。单单从支出的方向来思考，社会保障税的执行，会以专款专用的方式来进行，对于低收入者而言，可以获取到比较大的补助。且社会保障税有着"不记名"和"现收现付"的特点，决定了它能够起到一定的收入再分配作用，达到缩小收入差距的目的。

商品税的征收是不利于收入分配效益实现的。我们以比例税率为例，由于商品税税负是以商品消费量为尺度和标准的，并没有将个人收入因素纳入其中。也就是说，对于收入偏高的人来讲，消费开支并没有在收入中占据很大的比重；对于收入不高的人，其消费开支却占据了较大的比重。简单来讲，商品税的征收，对于收入低的人群而言，其负担明显加重，对于收入高的人群而言，其负担并不是很重。除此之外，我们还应该看到的是：商品税的课征范围往往集中在生活资料方面，这些属于居民的日常用品，这无疑会加大低收入者的负担。因此有些国家会对生产资料实行免税制度，由此规避商品税对于收入分配造成的不良影响。

2. 税制结构变动从调整收入存量的角度影响初次收入分配

税制结构的变动，可以以财产税开征的方式调整收入存量，从而促进初次收入分配格局的调整。财产税的课税对象是一定时点的社会财富，一般可以将其归结为不动产和动产两个类型。所谓不动产，是指土地，或者基于土地的设施，能够长期使用，以固定形态存在的设施；所谓动产，是指在不动产之外的其他财产性设施，无论是家具，还是货物，乃至是首饰，或者是股票，都可以将其归结到无形资产的范畴中去。

财产税范围比较广泛，一般情况下，可以将其归结为一般财产税、特种财产税和财产转让税（如遗产税与赠与税）。一般财产税就某一时点纳税人所有的一切财产综合课征，课征时考虑对一定价值以下的财产和生活必需品实行免税，并允许负债的扣除。特种财产税是就纳税人所有的某一类或几类财产如土地、房屋、资本等单独或分别课征。遗产税是以财产所有人死亡时所遗留的财产作为课税对象而征收的税；赠与税是以赠送的财产价值为课税对象向赠与人或受赠人征收的一种税。① 赠与税实质是遗产税的辅助税，若只对财产所有人死亡后的遗产课税而不对其生前外赠财产课税，极易使纳税人通过在生前将财产事先赠与他人来逃避缴纳遗产税，因此，凡课征遗产税的国家大多同时课征赠与税，实行遗产税和赠与税并用以达到调节资本存量的目的。

税制结构对于收入分配的调节作用，其目标在于：实现社会收入分配的公平化发展。依照传统的公平意义来看，其主要指的是以下几个方面：一是使机会更加公平；二是使起点更加公平；三是使结果更加公平。具体来讲，机会公平，是指参与对应活动的权利是平等的；起点公平，是指在资源有限的基础上，不同行为主体都能够获取到生存发展的资源，做到平等对待；结果公平，是指社会收入分配政策采取之后，社会各行为主体的收入能够达到相对均衡的状态，收入分配的结果是相对公平的。上述三者之间也是彼此关联的，结果公平和机会公平之间保持着高度统一的关系，以各尽其能，按劳分配为基本原则，可以更好地处理好机会公平和结果公平之间的关系，只是在不同阶段，其对于机会公平和结果公平的强调程度是不一样的。处于市场经济环境中，要想实现机会公平，是不难办到的，但是，要想使起点和结果也达到公平的状态，就比较困难。在达成结果公平的过程中，可以以调整一般财产税和特种财产税的方式来实现，使财产所有者资产存量得到合理的分配；在促进起点公平的过程中，可以从遗产税和赠与税调整的角度入手，使对应的资产存量得到优化配置。

（二）税制累进程度对收入分配的影响分析

邓肯和彼得（Denvil Duncan and Klara Sabirianova Peter，2008）关注结构性税收累进程度对于可观测收入的影响问题研究，并且在此基

---

① 昌炜：《市场化进程与税制结构变动》，《世界经济》2004 年第 11 期。

础上提出了对应的简单理论框架。① 依照不同行为主体的贫富差距，我们可以将其分为两个组别：r 代表的是富人；p 代表的是穷人，在库兹涅茨比率度量理论的基础上，找到富人收入和穷人收入之间的比重，进而使用对应的计算公式得出不平等的程度：

$$I_y^0 = \frac{y_r^0}{y_p^0 + G} = \frac{Y_r^0(1 - \tau_r)}{Y_p^0(1 - \tau_p) + \theta(\tau_r Y_r^0)} \tag{4.3}$$

其中，$Y^0$ 是可观测收入报告的总应纳税所得额，$y^0$ 是可观测的税后净收入，$\tau$ 是平均税率，$G$ 是政府的非税转移支付。我们假设转移支付，是从富人到穷人来开展的，并且以固定比例 $\theta$ 的方式来获取。对于可观测到的毛收入而言，可以以真实收入减去未申报的隐藏收入的方式计算。富人的可观测毛收入是：$Y_r^0 = Y_r^* - Y_r^H$，穷人的可观测毛收入是：$Y_p^0 = Y_p^* - Y_p^H$。

此时，如果穷人的税率处于不变的状态，富人的平均税率 $\tau_r$ 就可以直接用来表示结构性税收累进程度的指标。在穷人平均税率和行为反应保持不变的情况下，税率与富人的隐藏收入存在关联性，$\frac{\partial Y_r^H}{\partial \tau_r} > 0$，此时则 $I_y^0$ 关于 $\tau_r$ 的偏导显著为负：

$$\frac{\partial I_{0y}}{\partial \tau_r} = \frac{\left[y_p^0 + G\right]\left[\frac{\partial Y_r^0}{\partial \tau_R}(1 - \tau_R) - Y_R^0\right] - \theta Y_r^0(1 - \tau_r)\left[\tau_r \frac{\partial Y_r^0}{\partial \tau_r} + Y_r^0\right]}{(y_p^0 + G)^2}$$

$$= \frac{y_p^0\left[-Y_r^0 + \frac{\partial Y_r^0}{\partial \tau_r}(1 - \tau_r)\right] - \theta(Y_r^0)^2}{(y_p^0 + G)^2}$$

$$= -AY_r^0 + A(1 - \tau_r)\frac{\partial Y_r^*}{\partial \tau_r} - A(1 - \tau_r) - \frac{\theta(Y_r^0)^2}{(y_p^0 + G)^2} < 0 \tag{4.4}$$

其中，$A = \frac{y_p^0}{(y_p^0 + G)^2}$，在不考虑行为反应和随后的从富人到穷人的再分配的情况下，式（4.4）中的第一项表示税收累进程度对收入不公

---

① Denvil Duncan and Klara Sabirianova Peter, "Tax Progressivity and Income Inequality", *Ssrn Electronic Journal*, Vol. 6, 2008.

平的直接效应。负的直接效应仅仅从累进税制结构对富人承担更高的税收负担的事实产生。

对式（4.4）展开分析，对于不同情况下的不平等，税制改革采取的措施是不一样的。假设富人能够通过更多方式来实现自身收入的隐藏，富人将报告一个较小的收入份额作为结构性的累进增加。如果这样的情况不断发展下去，势必会使社会贫富之间的差距不断拉大，此时，收入分配政策是难以发挥对应效能的。在式（4.4）中，我们还可以看到的是：对于穷人而言，再分配效应并不能以积极的方式呈现出来。如果在其他各方面因素保持不变的情况，政府可以采取各种宏观调控的政策如扶贫、转移支付等，此时对于富人实行的高税收，会使可观察的收入不公平的程度得到缓解。

因此，税收累进性与收入不平等之间的关系会出现明显的变化，无论是再分配转移的方式，还是社会福利计划的方式，其都可能对于税收收入体制的再分配产生对应的影响。对于公式进行探讨，我们发现，θ值越高，税收收入体制对于收入水平的调节作用就更加理想，收入的均衡化发展也更加明显。简单来讲，国家制度结构对于再分配产生的影响是不可避免的。以民主政治体制为例，其能够以这样的方式使个人所得税在平等性方面发挥更大的作用。或者说，在θ不断增强的背景下，收入不平等性会越来越微弱。综合而言，税制累进程度与收入不公平程度之间呈现出负相关的状态。

## 二　收入分配对消费的作用机理

收入分配不均，会对消费产生直接的影响，这一点可以从社会总量的角度来考量。对于行为个体而言，理性的行为个体大多是在自身收入范围内进行消费安排，以保证基本的生存和发展。杜森贝里的相对收入假说，认为在不同消费主体之间存在明显攀比的倾向，这种攀比往往是在同一收入阶层内部发生的，因为处于同样的收入水平、居住水平，很有可能产生相似的消费背景，因此，在消费行为选择方面也会展现出相似之处，这就是明显的阶层内部攀比效应。对于低收入者而言，自身的预算是相对有限的，与其他更高收入阶层产生攀比，效应的可能性很低。从这个角度来讲，对于行为个体而言，收入分配并不会对个人消费行为产生多大的影响。但是，如果收入水平是不同的，消费环境也是不一样的，自身预算约束，风险预期承受能力也是不一样的，在这样的情况下，消费安排也会展现出不同的特点来。简单来讲，低收入人群和高收入人群在消费选择方面是不同的，在这种多样化消费倾向的基础上，发挥其对于社会总消费不同程度的影响。凯恩斯提出的边际消费倾向递减假说是：即富人一般具有较低的消费倾向，而穷人的边际消费倾向一般较高，如果收入分配相对均匀的话，就会提高整个社会的消费水平。

假定全社会分为高收入群体和低收入群体两个。两者的人数分别可以使用 r 和 p 来代表，其人均收入可以使用 $y_r$ 和 $y_p$ 来代表，两者平均消费倾向可以运用 $C_r$ 和 $C_p$ 来代表。依照凯恩斯消费倾向递减的理论：相对于低收入群体平均消费倾向而言，高收入群体的平均消费倾向会处于较低的状态，即 $C_r < C_p$。如果假设为，高收入群体的平均消费倾向小于低收入群体的平均消费倾向，设全体居民的总体收入为 Y 的话，则 $Y = Y_r + Y_p$，设 $D = \dfrac{Y_r}{Y_p}$，此时字母 D 的大小，代表的就是居民收入分配差距。

平均消费倾向的定义是收入中用于消费的比率，高收入居民的消费总量为 $rC_ry_r$，低收入居民的消费总量为 $pC_py_p$，全国居民的消费总量为：

$$C = C_rY_r + C_pY_p = rC_ry_r + pC_py_p \tag{4.5}$$

由 $D = \dfrac{Y_r}{Y_p}$，$Y_r = DY_p$，将此式代入式（4.5）可得：

$$C = rC_rDy_p + pC_py_p = (rC_rD + pC_p)y_p \tag{4.6}$$

全体居民的总收入为 Y，则有 $Y = Y_r + Y_p = ry_r + py_p$，再由 $Y_r = DY_p$，得：

$$Y = rDy_p + py_p = (rD + p)y_p，即 y_p = \frac{Y}{(rD + p)} \tag{4.7}$$

将式（4.7）代入式（4.6）中，整理可得：

$$C = \frac{pC_p + rDC_r}{rD + p}Y = \left( \frac{p}{rD + p}C_p + \frac{rD}{rD + p}C_r \right)Y \tag{4.8}$$

记 $\overline{C} = \dfrac{p}{rD+p}C_p + \dfrac{rD}{rD+p}C_r$，则 $\overline{C} = \dfrac{C}{Y}$ 为全国居民的平均消费倾向。

将式（4.8）重新整理得：

$$C = \left[\frac{p}{rD+p}(C_p - C_r) + C_r\right]Y \qquad (4.9)$$

设 $f(D) = \dfrac{p}{rD+p}(C_p - C_r) + C_r$，把 $f(D)$ 处在 $D = 0$ 处泰勒展开，取到一阶项：

$$f(D) \approx f(0) + f'(0)D \approx C_p - \frac{r}{p}(C_p - C_r)D \qquad (4.10)$$

把式（4.10）代入式（4.9）得到总量消费需求与居民收入差距的关系：

$$C \approx \left[C_p - \frac{r}{p}(C_p - C_r)D\right]Y \qquad (4.11)$$

把式（4.11）两侧同时除以 $r+p$，得：

$$\frac{C}{r+p} \approx \left[C_p - \frac{r}{p}(C_p - C_r)D\right]\frac{Y}{r+p} \qquad (4.12)$$

记 $c = \dfrac{C}{r+p}$ 为人均消费，$y = \dfrac{Y}{r+p}$ 为人均收入，则式（4.12）变为：

$$c \approx \left[C_p - \frac{r}{p}(C_p - C_r)D\right]y \approx C_p y - \frac{r}{p}(C_p - C_r)Dy \qquad (4.13)$$

式（4.11）阐明了高收入阶层与低收入阶层收入差距与消费需求之间的关系，由式（4.11）可以得出以下结论：能够对消费产生影响的因素主要有：其一，收入；其二，收入差距；其三，收入差距与收入的乘积。在式（4.13）的基础上，我们可以假设总收入相同的时候，不同收入差距 D 值会对总体消费 C 值产生不同的影响。也就是说，在收入相同的时候，收入结构不同，总量消费也会因此产生改变，此时人均消费也会发生变化。这充分展现出收入差距对于消费水平的影响是很直接的。在收入分配差距不断扩大的情况下，高收入阶层占据的比重是比较大的，低收入阶层占据的份额呈现出明显下降的趋势，此时增加的收入中用于消费支出的比重减少，最终拉低了社会平均消费倾向，改变了整个社会的消费结构，导致了社会消费不足。

总结以上分析过程可知，税制结构、收入分配与消费三者的关系是：税制结构通过对具有不同累进程度的税种进行设计与搭配影响居民的收入分配，而收入分配又通过高、低收入人群消费倾向的不同影响一国的平均消费倾向，从而影响一国消费需求。

# 第二节 税制结构与收入分配关系的实证分析

在第三章对中国税制结构进行累进程度分析时发现，我国间接税的累进程度为 0.726，小于 1，具有累退性，直接税的累进程度为1.286，具有累进性。而根据第二章的理论分析与上文税制结构对收入分配的影响机理可知，累进的税制结构有利于促进收入分配公平，而累退的税制结构则相反。这一结论在我国是否适用则需通过对中国税制结构与收入分配关系进行实证分析才能得知。

## 一 变量选择与数据分析

### (一) 变量选择

通常，人们用基尼系数来表现一个国家和地区的财富分配状况，能较为客观地反映居民收入差距，该数值介于 0—1。一个国家的居民收入分配差距越大，基尼系数越大；反之则基尼系数越小。按照联合国有关组织的规定：若一个社会的基尼系数低于 0.2，表示收入绝对平均；0.2—0.3 表示比较平均；0.3—0.4 表示相对合理；0.4—0.5表示收入差距较大；0.5 以上表示收入差距悬殊。[①] 我国 1994—2014年的基尼系数呈不断增加的趋势，1994 年，我国基尼系数为 0.37，还未超过警戒线，而 2014 年，我国基尼系数扩大到 0.469，且 2008年我国基尼系数高达 0.491，如图 4-1 所示。突破了国际公认的收入分配两极化的标准，社会财富越来越向高收入阶层集中，我国也已被

---

① 张颖丹、段林春：《收入分配视角下的中国经济发展》，《经济研究导刊》2010 年第23 期。

列入了收入差距较大国家的行列。

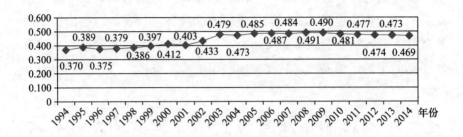

**图 4 - 1　1994—2014 年我国基尼系数**

资料来源:《中国统计年鉴》(2015)。

本书以基尼系数作为被解释变量,以间接税、直接税占税收总收入的比重作为解释变量。而在间接税、直接税的划分上,还存在一些争议,主要是一些小税种的确定上,有不同的划分标准,本书在第三章虽已对间接税、直接税进行了划分,但前文的间接税与直接税划分总占比始终为100%,且两者高度相关,为了模型的需要,本节将间接税与直接税划分如下:间接税包含增值税、营业税、消费税、资源税、城市维护建设税以及关税;直接税主要包括企业所得税、个人所得税和房产税。

(二)数据来源及统计描述

基尼系数和间接税与税收总收入的比重、直接税与税收总收入的比重三个时间序列均采用 1994—2014 年 21 年的数据。各变量的描述性统计如表 4 - 1 所示。

表 4 - 1　　　　　　　　三大变量描述性统计情况

| 变量 | 观察数 | 平均值 | 最大值 | 最小值 | 标准差 |
|---|---|---|---|---|---|
| 基尼系数 | 21 | 0.443190 | 0.491000 | 0.370000 | 0.045944 |
| 间接税/税收总量 | 21 | 0.656772 | 0.760964 | 0.546389 | 0.076501 |
| 直接税/税收总量 | 21 | 0.243258 | 0.306097 | 0.163594 | 0.052275 |

## 二　模型的设定

根据上面的界定，本书分别从间接税（indirecttax）、直接税（directtax）的角度分析税制结构对居民收入分配的影响，设立模型如下：

模型 1：$Gini = \alpha_1 + \beta_1 indirecttax + \varepsilon_1$

模型 1 设立的目的是分析中国间接税对基尼系数（Gini）的影响。如果 $\beta_1$ 显著为正，则表示增加间接税会扩大收入分配差距，且 $\beta_1$ 值越大，间接税的影响程度越大；反之亦然。

模型 2：$Gini = \alpha_2 + \beta_2 directtax + \varepsilon_2$

模型 2 对中国直接税影响基尼系数问题进行分析。如果 $\beta_2$ 显著为正，则表示增加直接税会扩大收入分配差距，且 $\beta_2$ 值越大，直接税的影响程度越大；反之亦然。

模型 3：$Gini = \alpha_3 + \beta_3 indirecttax + \gamma_3 directtax + \varepsilon_3$

模型 3 分析整体税制结构中间接税与直接税影响我国居民收入分配差距的强度和方向。如果 $\beta_3$ 显著为正或负，则表明间接税扩大或缩小了收入分配差距，如果 $\beta_3$ 显著为正或负，则表明直接税扩大或者缩小了收入分配差距，且两者值越大，影响程度越大。

## 三　实证方法与结果

### （一）平稳性检验

本书运用 Eviews 9.0 对三组时间序列采用 ADF 检验法进行平稳性检验，检验结果如表 4－2 所示。

表 4－2　　　　　　　　　各变量的单位根检测结果

| 变量 | 检测类型<br>（C，T，L） | t 统计值 | 临界值<br>1% | 临界值<br>5% | 临界值<br>10% | 伴随概率 | 是否<br>平稳 |
|---|---|---|---|---|---|---|---|
| Gini | （C，0，4） | －1.567516 | －3.808546 | －3.020686 | －2.650413 | 0.4800 | 否 |
| Indirecttax | （C，1，4） | －0.448143 | －3.831511 | －3.029970 | －2.655194 | 0.8815 | 否 |
| Directtax | （C，0，4） | －1.350816 | －3.808546 | －3.020686 | －2.650413 | 0.5848 | 否 |

注：（C，T，L）分别表示检测模型中的截距项、时间趋势项及滞后除数。

从表 4－2 可以看出，基尼系数、间接税比重和直接税比重三个时间序列都不平稳，对其进行一阶差分处理，处理后的单位根检验结果如表4-3所示。

表4-3　　　　　　　一阶差分各变量后的单位根检测结果

| 变量 | 检测类型<br>(C，T，L) | t统计值 | 临界值<br>1% | 临界值<br>5% | 临界值<br>10% | 伴随概率 | 是否平稳 |
|---|---|---|---|---|---|---|---|
| D(Gini) | (C，0，4) | -3.983782 | -3.831511 | -3.029970 | -2.655194 | 0.0073 | 是 |
| D(Indirecttax) | (C，1，4) | -5.243308 | -3.857386 | -3.040391 | -2.660551 | 0.0006 | 是 |
| D(Directtax) | (0，0，4) | -3.595808 | -2.692358 | -1.960171 | -1.607051 | 0.0012 | 是 |

注：D（　）表示原序列的一阶差分序列。

结合表4-2和表4-3的结果可以看出，三个时间序列均为一阶单整过程，满足了对各变量进行协整检验的条件。

（二）协整检验

本书对模型进行协整检验采用的是约翰森检验法。若模型通过约翰森检验，则说明变量间有着长期稳定的均衡关系，从而可进一步建立协整方程；若模型无法通过约翰森检验，则无法对变量之间的关系进行数量分析。三个模型的协整检验结果如表4-4所示。

表4-4　　　　　　　三个模型的协整检验结果

| 原假设 | 模型1 | | 模型2 | | 模型3 | |
|---|---|---|---|---|---|---|
| | 迹统计量 | 5%显著性水平上的临界值 | 迹统计量 | 5%显著性水平上的临界值 | 迹统计量 | 5%显著性水平上的临界值 |
| 不存在 | 20.49469 | 15.49471 | 23.57923 | 18.39771 | 46.65589 | 35.01090 |
| 至少存在一个 | 3.819632 | 3.841466 | 4.701859 | 3.841466 | 21.30806 | 18.39771 |
| 至少存在两个 | | | | | 4.650432 | 3.841466 |

表4-4显示，三个模型拒绝不存在协整方程的原假设：迹统计量均大于0.05显著性水平上的临界值，这意味着变量间存在长期稳定的均衡关系。

（三）协整回归

在上一步确定存在协整方程的前提下，对模型进行协整回归，结果如表4-5所示。

表4-5　　　　　　　　　　模型回归结果

| 被解释变量：基尼系数 | | | |
|---|---|---|---|
| 解释变量 | 模型1 | 模型2 | 模型3 |
| 间接税比例 | -0.507853 | | 0.094128 |
| 直接税比例 | | 0.818192 | 0.946416 |
| 常数项 | 0.776734 | 0.244159 | 0.151146 |
| 调整的 $R^2$ | 0.700083 | 0.859620 | 0.855466 |
| F 统计值 | 47.68515 | 123.4702 | 60.18767 |
| D.W. 统计值 | 1.074720 | 1.422880 | 1.461182 |

从表4-5的模型回归结果来看，模型2的拟合调整优度、变量的显著性都较模型1和模型3高，表明模型2回归结果较好。但是，模型1、模型2、模型3的 D.W. 统计量都小于1.5，说明可能存在序列相关性。本书采用拉格朗日乘数法对序列相关进行检测发现模型1与模型3存在一阶序列相关，模型2则不存在这个问题。接下来，采取 AR（P）模型对模型1和模型3进行修正以消除序列相关对模型估计结果的影响，如表4-6所示。

表4-6　　　　　　　AR（P）模型修正后的回归结果

| 被解释变量：基尼系数 | | | |
|---|---|---|---|
| 解释变量 | 模型1 | 模型2 | 模型3 |
| 间接税比例 | 0.069799 | | 0.057673 |
| 直接税比例 | | 0.810336 | -0.03695 |
| 常数项 | 0.459122 | 0.246990 | 0.478911 |
| AR(1) | 0.908296 | | 0.910083 |
| 调整的 $R^2$ | 0.895784 | 0.857466 | 0.888969 |
| F 统计值 | 78.35893 | 115.3011 | 49.03915 |
| D.W. 统计值 | 1.883854 | 1.541021 | 1.861380 |

从表 4-6 的结果较表 4-5 的结果看，调整的拟合优度和 F 统计值都有所提高，D. W. 统计值也都大于 1.5，消除了扰动项的序列相关。从而判定变量间存在协整关系，可以进一步建立误差修正模型。

（四）误差修正模型

基于上面的分析结果，我们对三个模型进行修正来分析短期失衡向长期均衡回归的误差纠正。结果如表 4-7 所示。

表 4-7　　　　　　　　　　　误差修正模型回归结果

| 被解释变量：基尼系数 | | | |
| --- | --- | --- | --- |
| 解释变量 | 模型 1 | 模型 2 | 模型 3 |
| 间接税比例 | 0.072921 | | 0.067789 |
| 直接税比例 | | -0.092529 | -0.016175 |
| $e_t$ | 0.005784 | -0.019199 | 0.008334 |
| 常数项 | 0.005376 | 0.005298 | 0.005435 |
| 调整的 $R^2$ | 0.029621 | 0.015268 | 0.029855 |
| F 统计值 | 0.228937 | 0.116287 | 0.143610 |
| D. W. 统计值 | 1.694651 | 1.576051 | 1.686098 |

协整回归模型说明了间接税比例、直接税比例和基尼系数的长期均衡关系，而误差修正后的回归模型则反映了间接税比例和直接税比例两个变量短期变化对基尼系数造成的影响。模型中自变量变动的系数反映的是变量趋于均衡状态过程中的非均衡关系的动态参数，而误差修正项的系数描述的是短期非均衡状态偏离长期均衡态势然后重回均衡状态的速度。

模型 1 的自变量系数 0.072921 和误差修正项系数 0.005784 均为正，说明 t-1 期的基尼系数值高于间接税比例对应的均衡点的值，误差修正机制为正反馈机制，对 t 期的基尼系数增加值有正向增加作用，导致基尼系数的上升。模型 2 中的自变量系数 -0.092529 和误差修正系数 -0.019199 均为负，说明直接税的短期增加有利于基尼系数的降低。模型 3 同样说明短期内间接税对基尼系数有正向增加作用，直接税对基尼系数有降低作用。通过长期均衡回归方程分析可看出，间接税对我国居民收入分配差距有扩大作用，直接税对收入分配差距的调节作用比较弱。

模型的总体结论是：中国现行的税制结构拉大了居民收入分配差距，间接税对居民收入差距存在反向调节作用，直接税对居民收入差距存在微弱的正向作用。

# 第三节 收入分配对消费影响的实证分析

## 一 模型构建与变量选取

为了探讨居民收入分配对消费需求的影响，本书采用了向量自回归模型（VAR），建立了居民收入分配与消费需求之间的数量关系。向量自回归模型是一种非结构化模型，主要用于预测带有时间序列的宏观变量之间相互联系以及分析随机扰动项对时间序列系统的动态影响。其主要优点是避开了结构化模型中对内生变量和外生变量的区分问题。

从前文收入分配对消费影响的理论推导中可知，消费不仅取决于收入，还取决于收入差距与收入的乘积。为了考虑收入差距对消费需求的影响，我们加入收入差距的变量。本书用居民人均消费性支出（PCDC）来衡量居民的消费需求，基尼系数（Gini）衡量收入分配差距，相当于上文理论推导中的变量 D，人均可支配收入（PCDI）衡量居民收入。因为数据的缺乏，本书以下列公式计算居民人均消费支出：

$$居民人均消费支出 = \frac{城镇居民人均消费性支出 \times 城镇人口 + 农村居民人均消费性支出 \times 农村人口}{总人口}$$

人均可支配收入采用同样的方法计算得来，即：

$$居民人均可支配收入 = \frac{城镇居民人均可支配收入 \times 城镇人口 + 农村居民人均纯收入 \times 农村人口}{总人口}$$

数据区间为 1994—2014 年的时间序列数据，数据来源于历年《中国统计年鉴》。在构建模型前，为减少数据的波动性，对相关数据做了如下必要处理：第一，为剔除物价指数的影响，对居民人均消费性支出、基尼系数、居民人均可支配收入等数据进行价格指数调整；第二，对所有变量取自然对数，以剔除共线性、异方差的影响。经处理的各变量描述性统计见表 4－8。

表 4－8　　　　　　　各变量的描述性统计分析

| 变量 | 观察数 | 平均值 | 最大值 | 最小值 | 标准差 |
| --- | --- | --- | --- | --- | --- |
| lnPCDC | 21 | 8.502185 | 9.698878 | 6.990624 | 0.717860 |
| lnPCDI | 21 | 8.792727 | 10.03565 | 7.239692 | 0.761850 |
| lnGINI | 21 | −0.641161 | −0.490408 | −0.994252 | 0.137424 |
| lnGINIPCDI | 21 | 7.973659 | 9.278500 | 6.245440 | 0.852137 |

## 二　实证分析方法与结果

### （一）变量的平稳性检验

变量的平稳性检验是进行协整回归、建立回归分析的前提。为了避免伪回归问题，需要对时间序列 lnPCDC、lnPCDI、lnGINI、lnGINIPCDI 进行单位根检验。鉴于本书采用数据样本较小，本书选取 ADF 单位根检验方法检验以上相关变量的平稳性，经 Eviews 9.0 处理后的数据检验结果见表 4－9。

表 4－9　　　　　　　各变量单位根检验结果

| 变量 | 检测类型 (C, T, L) | t 统计值 | 临界值 1% | 临界值 5% | 临界值 10% | 伴随概率 | 是否平稳 |
| --- | --- | --- | --- | --- | --- | --- | --- |
| lnPCDC | (C, 4, 4) | 2.429762 | −3.920350 | −3.065585 | −2.673459 | 0.9999 | 否 |
| lnPCDI | (C, 0, 4) | −2.139446 | −3.808546 | −3.020686 | −2.650413 | 0.2326 | 否 |
| lnGINI | (C, 2, 4) | −1.644533 | −4.571559 | −3.690814 | −3.286909 | 0.7332 | 否 |
| lnGINIPCDI | (C, 2, 4) | −0.436362 | −3.857386 | −3.040391 | −2.660551 | 0.8827 | 否 |

从表 4 - 9 的检验结果可以看出，时间序列 lnPCDC、lnPCDI、lnGINI、lnGINIPCDI 均为非平稳序列，它们的对数形式序列都不能在 5% 的显著性水平上表现出稳定性，故对四个时间序列进行一阶差分处理，处理后的单位根检验结果如表 4 - 10 所示。

表 4 - 10　　　　　　一阶差分各变量后的单位根检测结果

| 变量 | 检测类型<br>(C, T, L) | t 统计值 | 临界值<br>1% | 临界值<br>5% | 临界值<br>10% | 伴随<br>概率 | 是否<br>平稳 |
|---|---|---|---|---|---|---|---|
| D(lnPCDC) | (C, 0, 4) | -3.921141 | -3.831511 | -3.029970 | -2.655194 | 0.0083 | 是 |
| D(lnPCDI) | (0, 2, 4) | -1.691763 | -2.708094 | -1.962813 | -1.606129 | 0.0851 | 是 |
| D(lnGINI) | (C, 0, 4) | -4.279705 | -3.831511 | -3.029970 | -2.655194 | 0.0039 | 是 |
| D(lnGINIPCDI) | (C, 3, 4) | -3.714078 | -3.920350 | -3.065585 | -2.673459 | 0.0148 | 是 |

经一阶差分后的序列在 5% 的置信水平上为平稳序列，都是 I(1) 序列。这说明人均消费性支出、人均可支配收入、基尼系数、基尼系数与人均可支配收入的乘积数据均存在一阶单位根，四者都存在一定的趋势。

（二）数据协整性检验和回归分析

在进行约翰森协整检验前，本书先对构建好的 VAR 模型进行单位根检验，如果被估计的 VAR 模型所有根的模的倒数位于单位圆内，则可以判定模型是稳定的；反之则模型不稳定。模型如果不稳定将导致某些估计结果无效。图 4 - 2 为通过 Eviews 9.0 输出的 AR 根的图。

从图 4 - 2 可以看出，VAR 模型 AR 所有根的模的倒数都落在单位圆内，因此 VAR 模型是稳定的。根据赤池信息准则（AIC）和施瓦兹信息准则（SC）确定 VAR 模型的最优滞后阶数为 2。

由于各变量序列 lnPCDC、lnPCDI、lnGINI、lnGINIPCDI 均为一阶单整 I(1) 序列，满足协整检验前提。故本书建立以居民人均消费性支出为被解释变量，居民人均可支配收入、基尼系数和基尼系数与人均可支配收入的乘积为解释变量的协整方程，以检验四者间是否存在长期均衡的协整关系。本书采用较为通用的多变量协整关系检验约翰森极大似然检验法。检验结果如表 4 - 11 所示。

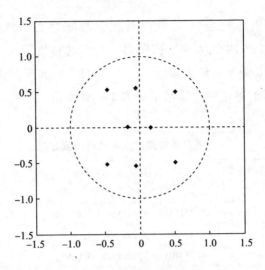

**图 4 - 2  VAR 模型的 AR 根**

表 4 - 11                           约翰森协整检验结果

| 原假设 | 迹统计量 | 临界值5% | P 值** |
|---|---|---|---|
| 不存在 | 47. 65314 | 40. 17493 | 0. 0075 |
| 至少存在一个 | 24. 74910 | 24. 27596 | 0. 0436 |
| 至少存在两个 | 0. 293417 | 10. 84230 | 0. 0873 |
| 至少存在三个 | 4. 243329 | 4. 129906 | 0. 0468 |

根据协整检验，当序列迹检验统计量以及最大特征值统计量小于临界值时可以拒绝原假设，表 4 - 11 表明，时间序列 lnPCDC、lnPC-DI、lnGINI、lnGINIPCDI 的关系方程在 5% 的显著性水平上四个变量至少存在一个协整关系，说明居民人均消费性支出、居民人均可支配收入、基尼系数和基尼系数与人均可支配收入的乘积在样本区间内存在长期的均衡关系。这样，可以通过 Eviem 9.0 建立回归方程，如表 4 - 12 所示。

表 4 – 12                              变量回归结果

| 变量 | 相关系数 | 标准差 | t 统计量 |
|---|---|---|---|
| C | – 0.027616 | 0.013477 | – 2.049131 |
| DlnGINI | – 0.327415 | 0.258167 | – 1.268228 |
| DlnPCDI | 0.810157 | 0.230432 | 3.515826 |
| DlnGINIPCDI | 0.374954 | 0.297987 | 1.258288 |
| 调整的 R² | 0.949849 | | |

由以上回归结果可建立 lnPCDC、lnPCDI、lnGINI、lnGINIPCDI 四者的回归方程：lnPCDC = – 0.327415lnGINI + 0.810157lnPCDI + 0.374954lnGINIPCDI – 0.027616，根据该方程，基尼系数与居民人均消费性支出间呈现负相关关系，居民人均可支配收入和居民人均消费性支出之间呈现正相关的关系，基尼系数与人均可支配收入的乘积和居民人均消费性支出呈现正相关的关系。说明居民收入差距的扩大确实会降低中国居民的消费需求。

（三）格兰杰因果检验

经过前文的协整检验，我们知道变量 lnPCDC、lnPCDI、lnGINI、lnGINIPCDI 之间存在相关关系，进一步地，我们通过格兰杰因果检验检测 lnPCDC、lnPCDI、lnGINI、lnGINIPCDI 之间的因果关系，如表 4 – 13所示，基尼系数是居民人均消费性支出的因，人均可支配收入和基尼系数与人均可支配收入的乘积都不是居民人均消费性支出的格兰杰因。

表 4 – 13                    变量的格兰杰因果检测结果

| 零假设 | 滞后阶数 | 观察值 | F 统计量 | P 值 | 结论 |
|---|---|---|---|---|---|
| lnGINI 不是 lnPCDC 的格兰杰原因 | 1 | 20 | 7.37396 | 0.0147 | 拒绝 |
| lnPCDI 不是 lnPCDC 的格兰杰原因 | 1 | 20 | 1.69861 | 0.2098 | 接受 |
| lnGINIPCDI 不是 lnPCDC 的格兰杰原因 | 1 | 20 | 1.02727 | 0.3250 | 接受 |

（四）脉冲响应函数

通过协整检验和格兰杰因果关系检验，我们建立了回归方程，较好地描述了基尼系数、人均可支配收入对人均消费性支出影响程度的大小。文章进一步借助脉冲响应函数（Impulse Response Function，IRF）分析以及方差分解来探讨这些变量之间的动态互动关系。

通过图4-3可以看出，居民收入分配差距基尼系数与居民人均消费性支出的动态关系与前面的分析基本一致。具体来说，居民人均消费性支出对于基尼系数的脉冲响应在第2期开始为负，并迅速下降，之后基尼系数对居民消费的影响效应一直为负。

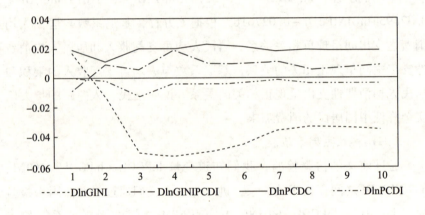

图4-3 变量的累积脉冲响应

（五）方差分解

方差分解通过分析各个内生变量对预测方差的贡献度来评价冲击的重要性。图4-4是居民人均消费性支出的方差分解。

从图4-4可以看出，居民人均消费性支出对自身的解释度随着时间的延长而缩小，最开始是50%，到了第4期已降为10%左右。居民收入分配差距指标基尼系数对居民人均消费性支出的贡献度从开始一直上升到第3期末的71%，之后稍有下降，第5期后保持在66%左右。居民人均可支配收入对居民人均消费性支出的贡献度从第2期开始上升，第4期后保持在5%左右的水平。基尼系数与居民人均可支配收入的乘积对居民人均消费性支出的贡献度则在第 5 期后保持在 15% 左右的水平。这充分说明中国收入分配差距的扩大在长期看来是制约居民消费需求的重要因素。

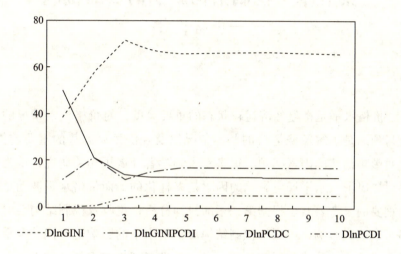

**图 4 - 4　居民人均消费性支出的方差分解**

　　本章通过建立税制结构与居民收入分配差距之间的误差修正模型、居民人均消费性支出与居民收入分配差距基尼系数、居民人均可支配收入、基尼系数与居民人均可支配收入乘积的 VAR 模型可以看出，我国现行的税制结构在一定程度上拉大了居民收入分配差距，而我国的居民收入分配差距又与居民人均消费性支出呈现负相关的关系，证明我国目前以具有累退性质的间接税为主的税制结构通过扩大居民收入分配降低了居民的消费需求。

# 第五章　税制结构影响消费的机制
## ——价格途径

　　价格水平是衡量经济运行状态的重要尺度，对价格波动情况的分析与预测是了解经济运行的基本情况以及经济发展态势的重要前提。针对影响消费的因素问题，很多专家和学者开展了相关研究，认为能够对居民消费水平产生影响的因素是多样化的，而价格水平波动是其中重要的参考要素。根据第二章的机理分析，税收及税制结构会对价格水平造成影响，不同的税制结构对价格水平的影响也不同。本章在对税制结构、价格水平和消费三者关系进行理论梳理的基础上，通过我国实际的税制结构、价格水平和消费相关数据建立实证模型研究税制结构具体如何通过价格水平影响消费。

## 第一节　税制结构、价格水平与消费的关系

### 一　税制结构对价格水平的作用机理

　　税收对价格水平的影响主要体现在两个层次：一是在微观层面基于不同税种对价格水平调节机制的差异，最大限度地利用税收政策对价格水平的结构效应发挥调节以及达到稳定物价水平的功效；二是在宏观层面利用不同税种搭配所形成的税制结构对价格水平产生的调节作用，因为以间接税为主体税种与以直接税为主体税种的税制结构对价格水平的影响差异较大。比如，高培勇（2012）[①]指出，我国高比

---

① 高培勇：《当前经济形势与 2012 年财政政策》，《财贸经济》2012 年第 3 期。

例的间接税使税收逐渐演变为商品价格的不可承受之重。

税收是内嵌在价格之中的，如果物价水平不断上升的话，税收也会因此出现上涨的情况。如果税收上升，也会使价格水平出现上浮的情况。间接税是构成商品价格的重要组成部分，其在总税收收入中的比重往往是由税制结构来决定的。不同的税制结构对价格的影响也不同，下面我们分别从以间接税为主的税制结构和以直接税为主的税制结构两方面分析其对价格水平的影响机理。

（一）以间接税为主的税制结构对价格水平的影响机理

间接税主要是指商品税，而商品税是指对商品流转额和非商品流转额进行课税，在我国主要有增值税、营业税、消费税和关税。商品税一般直接内嵌于商品价格之中，因其是商品价格的重要构成要素之一，通常能够对商品价格造成至关重要的影响。一般情况下，商品税税负如果在不断增加的话，对应的物价水平就会呈现出不断提升的趋势；反之，如果物价水平不断提升，那么商品税的税负也会相应增加。在征收商品税时，对一些从事特定经营活动的纳税人而言，为了降低成本、提高利润，往往会将商品税以提升商品价格的转嫁方式传递给消费者或者以压低原材料进价的方式转嫁给原料供应者。简单来讲，如果特定厂商需要将成本和利润保持不变的话，税负越高，物价水平就越高，税负越低，物价水平就越低，商品税在物价水平变化过程中起到的作用，是不容小觑的。假定商品税的压力最终以提高商品价格的方式全部转嫁给了消费者，这种情况下，我们假设商品原本价格为 P，征收的商品税为 T，此时得出商品的最后售价为 X，$X = P + T$，商品的价格上升了 T，依照供求理论，在商品价格上升的背景下，商品的需求会出现不断下降的情况，具体可见图 5-1。

（二）以直接税为主的税制结构对价格水平的影响机理

在直接税中，主要有个人所得税、企业所得税和财产税三大类。三者对价格水平的影响机理不同。

1. 个人所得税对价格水平的影响

直接税具备不能轻易转嫁的特点，因此，可以在促进收入差距调整，引导分配公平化方面发挥积极作用。对个人而言，在收入一定的

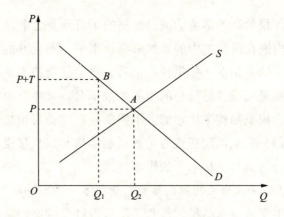

**图 5 - 1   间接税对价格的影响**

情况下，个人所得税交付越多，其实际可支配的收入就越低。对于理性的消费者，其消费能力将会下降，消费支出减少，而商品需求的下滑将导致商品价格的下降。个人所得税对价格水平产生的影响是间接的，其传导路径为：在个人所得税上升的时候，纳税人的可支配收入会下降，此时纳税人的实际购买力会不断下降，纳税人的个人需求也会下降，此时社会总需求会下降，随后才会出现商品价格下跌的情况。假设消费者效用函数不变，收入全部都用于消费中且只购买两种商品，此时消费的商品用 $X_1$ 和 $X_2$ 来表示，依照图 5 - 2 的展示，在征收个人所得税时，消费者预算约束线会发生转移，由 $I_1$ 移动到 $I_2$，均衡状态也会因此发生改变，由 A 变为 B，此时对于商品 $X_2$ 的需求也会不断下降，由 $X_2^1$ 下降到 $X_2^2$，对应的销售价格也会发生变动，由 $P_1$ 下降到 $P_2$。对于其他商品而言，如果遇到同样的情况，也会发生这样的效应。

2. 企业所得税对价格水平的影响

对于企业而言，企业所得税会使企业运行成本增加，进而降低了企业的利润，制约企业的发展规模，并使企业产量难以得到明显的提高，此时对于商品价格水平的下降而言，是起着明显抑制作用的。另外，对于需求弹性不同的商品，企业可以通过提高商品价格，将政府征收的企业所得税全部或者部分地转移到商品的价格中，最终由消费

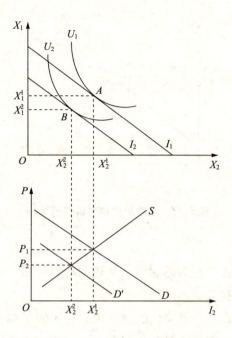

**图 5 - 2 个人所得税对价格的影响**

者来承担。在企业所得税无法转嫁时，企业所得税增加，企业利润就会出现下降的情况，此时企业投资收益率也会呈现下降的趋势，这对于企业生产规模来讲，会起到明显的抑制作用，进而使总供给出现下降的情况，在需求不变的情况，价格水平也会出现上涨的现象。如果能够发生转嫁，企业就会通过提高商品价格将政府征收的企业所得税全部或者部分转移到商品的价格中，从而导致价格水平上涨。从图 5 - 3 中可以看出，对企业课征企业所得税，不仅仅会限制企业规模的发展，在需求上升至一定水平之后，会直接对价格造成影响。当需求上升达到 D′ 时，其供给还是 S，致使价格由 P 上升到 LP；如果企业税款会转移到价格上去，那么在此过程中增长幅度就是转移到价格中的税款。商品价格由 P 上升到 P + T，T 为转移到价格中的税款。

3. 财产税对价格水平的影响

一般情况下，财产税主要可以归结为财产转移行为产生的税负和

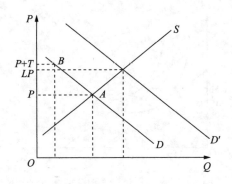

图 5 - 3　企业所得税对价格的影响

财产所有者或者占有行为的课税。上述两种财产税，会使财产转让所得降低以及财产持有成本增加。

　　对于使财产转让所得降低的财产税，收入的下降会使消费者降低自己的需求，进而促使商品价格朝着更低的方向发展。其实现的示意图如图 5 - 4 左图所示，如果居民收入全部作用于消费环节的话，财产转让收入征收财产税的时候，实际收入会出现不断下降的情况，由 $I_1$ 下降到 $I_2$，此时消费均衡点也会有所转移，由 A 点转移到 B 点，商品 $X_2$ 的价格也会降低到 $P_2$。

　　对于使财产持有成本增加的财产税，其对于价格的影响主要表现在：使价格水平不断上涨。对于理性的消费者，如果其购买的财产成本上升，在可预见的未来，如果该财产转让收入不能够弥补其持有期间发生的成本，那么消费者就不会购买该财产。因此，对于课税增加持有成本的财产，价格会出现上涨的情况。如果我们使用 P 来代表财产价格，征收的财产税用 T 来表示，税后财产价格就是上述两者相加之和，如图 5 - 4 右图所示。

　　从上面的分析可知，税制结构中间接税会导致价格水平的上升，而直接税对价格水平的影响则不确定，需要根据其内部个人所得税、企业所得税、财产税对价格水平的影响综合考虑。

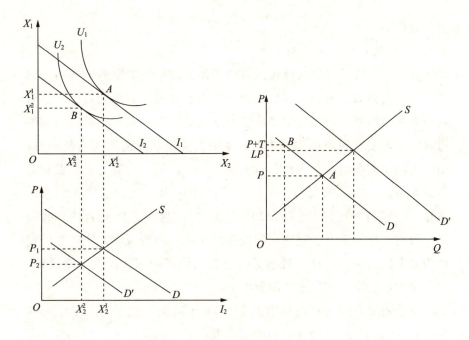

**图 5-4　财产税对价格的影响**

## 二　价格水平影响消费的作用机理

价格水平反映的是市场供求的基本情况，而价格水平的变动又会对居民消费行为产生种种影响。如果我们假设居民效用处于不变的情况，如果物价出现上涨，居民为了保证原本的效用，会以增加消费支出的方式来应对；但是，如果价格出现下降，此时居民的消费会慢慢下降。但是，在实际经济生活中，由于受居民实际可支配收入的制约，受微观个人消费偏好等消费心理因素的制约和对宏观经济判定的影响，尤其是在价格上涨幅度较高、居民通货膨胀预期增强等情况下，价格上涨与居民消费的关系更为复杂。从前文分析的消费理论来看，个人依据其购买力与消费意愿制定其消费购买决策，而价格的变动是影响居民购买力与消费心理的重要因素。另外，个人的消费决策还可根据时间点的不同划分为现时消费和未来消费，而在这两期消费组合间的跨期消费行为同样受价格水平变动的影响。接下来，本书就对居民购买力、消费者预期和跨期消费三种价格影响消费的传导途径进行分析。

（一）途径一：居民购买力

购买力，就是居民取得收入后购买各种商品或者服务的能力，属于货币支付能力的范畴，其对于人们需求和愿望的满足而言，是最有代表力量的因素。依照我国经济学家王珏的论点，我们在扩大内需的过程中，需要实现当期购买力，积累的购买力和未来购买力的调整。由于人们每天都需要在衣食住行上消费，因此扩大内需首先要做到的就是要保护当期的购买力。其次，截至2014年，我国居民人民币储蓄存款年底余额已经达到485261亿元，[①] 这是一笔巨大的积累购买力。最后，超前消费、花明天的钱等现代化的消费观念，使消费信贷成为未来的购买力。这三种购买力组合共同影响着居民的消费决策，对居民的消费支出产生重要的影响。

货币购买力的概念最早出现在1911年欧文·费雪的《货币的购买力》一书中，他认为，货币和商品没有进入流通环节之前，是没有任何意义的，进入流通环节之后才有货币购买力。此时货币展现出购买的能力，商品展现出价格的属性。如果用消费者价格指数来衡量价格水平，那么购买力指数就是消费者价格指数的倒数，也就是说，价格的上涨意味着货币购买力的下降，而价格的下降意味着货币购买力的上升，价格与货币购买力两者间是一种此消彼长的关系。

那么，价格水平与购买力这种此消彼长的关系到底是如何对居民的消费行为和消费支出产生影响的？假定居民的收入只用于消费和储蓄，那么从购买力的角度来看价格影响居民消费支出的过程：在居民收入水平保持一定、储蓄恒定的前提下，价格水平的上涨意味着购买力的下降，那么基于原来用于消费的购买力而获得的商品数量则相应减少，随之，消费者的效用水平下降；如果只假定收入水平恒定，要想保证价格水平上涨前的居民效用水平，则必须减少储蓄，增加消费支出。

在图5-5中，效用水平使用 $U_1$ 来代表，AC代表的是预算约束

---

① 《中国统计年鉴》（2015）。

线，就是既定收入在储蓄和消费之间的合理分配，消费支出用 $Y_1$ 来代表。在价格上涨的情况下，如果储蓄保持不变，此时消费会慢慢减少，此时的预算约束线变为 AB。居民的效用水平也会慢慢降低，从 $U_1$ 变为 $U_2$，很明显，在此过程中，消费支出不断减少；但是，如果价格出现上涨的话，居民为了保证原来的效用水平，就会以减少储蓄的方式，使消费不断增加，此时预算约束线变为 ED，消费支出为 $Y_2$。

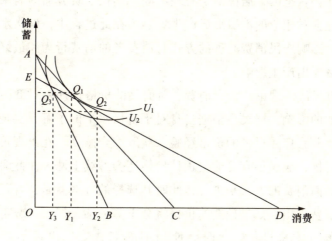

图 5 - 5　价格与居民购买力

价格上涨与居民收入之间的关系是比较矛盾的。价格上涨的幅度一旦超过居民收入上浮的幅度，就会对居民福利水平产生影响，此时要想保证消费者福利水平，就需要控制价格不断上涨的趋势。然而，实际生活中，我们是难以把握价格上涨幅度的，需借助计量分析和实证检验等方式进行测算验证。

（二）途径二：消费者预期

消费行为是居民日常生活中不可或缺的部分，消费者在消费活动中满足自身的需求。当然需求不仅仅是指衣食住行等物质需求，也存在心理需求的满足。总体而言，居民的消费心理展现出良好的自控性，并且都是有目标、有规划地进行，而且随着外界的环境变化而变化。具体来讲，其特点主要以下的方式呈现出来：其一，自控性。

就是在消费的过程中，居民可以在考量自身可支配收入的基础上来开展，不会过高地去消费。其二，目的性。就是居民消费的过程中不仅仅要满足物质需求，还会考量到自身的心理需求，由此在有目的的状态下进行消费行为的规划。其三，关联性。就是在居民商品配套组合的基础上，受到从众消费心理、攀比消费心理的影响，使不同消费行为主体之间产生关联效应。其四，变化性，就是居民的消费心理是处于不断变化状态的，居民消费心理不同，其在消费方面的需求就会不同，由此会对相应的消费形成产生影响。在此过程中，价格水平的改变，会以影响居民消费心理的方式对消费者的消费行为和最终表现出来的消费支出产生影响。

西方经济学理论认为，消费者对商品的价格预期将对商品的需求产生重要的影响。居民会根据自身对于价格水平的了解，实现对价格的感知，并且依照过去的价格经验来获取综合感受。在出现价格持续上涨的时候，居民很有可能会预计价格还会继续上涨，而此时居民会选择以提前消费的方式来进行，此时其选择的方案就是：合理地增加当期的消费支出；如果预期的价格将会下降的话，居民一般都会以延期消费的方式来进行，此时会使当期的消费支出出现不断缩减的情况。

居民的价格预期不仅仅会影响到其消费行为，还会对替代品或者互补品的消费产生一定的影响。如果某种商品的价格超过了居民预期水平，居民会选择消费同样性能的替代品的方式来处理，由此保证实际的需求。同样，对于互补品而言，在某商品价格上涨的时候，居民对其互补品的需求也会出现下降的情况，此时互补品的价格也会慢慢下降。通过对居民预期替代品与互补品价格的影响，价格水平对居民消费行为造成影响。

实用性和炫耀性心理作为消费行为中常常出现的现象，也是很值得我们去探究的问题。从实用性心理看，在进行商品购买的过程中，消费者往往会思考商品的使用价值，在便捷性、耐用性、安全性、可靠性等方面是否都能够满足实际的需求，才可以确定是否去购买。如果商品的价格出现了上涨的情况，实用性心理的消费者会以增加生活开支的方式，尽可能降低奢侈品的消费，由此保证整体消费水平处于相对理想的状态。而炫耀性心理消费者，为了证明自己的地位，往往会在奢侈品消费方面投入更多，由此才能够获得自身的满足。尤其在价格上涨的过程中，炫耀性心理消费者这种对于奢侈品消费的欲望变得更加强烈，因此就会成为奢侈品和享受型商品的消费主力。

（三）途径三：跨期消费

除影响居民的实际购买力以及居民消费心理之外，价格水平的波动还通过影响居民的跨期消费结构从而对居民消费支出产生重要影响。我们利用一个扩展的消费者选择模型对其进行分析。

如果居民消费具备跨期的特点，此时居民个人的最大效用可以使用以下公式来表达：

$$U = u(c_{t1}) + \beta u(c_{t2}), 0 < \beta < 1 \tag{5.1}$$

其中，$c_{t1}$ 和 $c_{t2}$ 分别表示居民第一期和第二期的消费量，时间偏好参数可以用 $\beta$ 来表示，此时效用函数表现出增函数的特点。居民的消费选择受到当前消费价值和当前产出相等的约束，即：

$$p_{t1}c_{t1} + \frac{p_{t2}c_{t2}}{1+i} = p_{t1}y_{t1} + \frac{p_{t2}y_{t2}}{1+i} \tag{5.2}$$

其中，$p_{t1}$ 表示第一期价格水平，$p_{t2}$ 表示第二期价格水平，$y_{t1}$ 表示第一期的个人产出，$y_{t2}$ 表示第二期的个人产出，$i$ 表示资本市场的利率水平。由此，我们可以得到预算约束线为：

$$c_{t2} = y_{t2} - \frac{p_{t1}(1+i)c_{t1}}{p_{t2}} + \frac{p_{t1}(1+i)y_{t1}}{p_{t2}} \tag{5.3}$$

当 $p_{t1} = p_{t2}$ 时，价格没有上涨，此时的预算约束线为式（5.4），此时居民在 A 点效用达到最大化，如图 5-6 所示。

$$c_{t2} = y_{t2} - (1+i) c_{t1} + (1+i) y_{t1} \tag{5.4}$$

当价格 $p_{t2}$，但名义收入不变，则预算约束线为：

$$c_{t2} = -\frac{p_{t1}(1+i)c_{t1}}{p_{t2}} + \frac{p_{t1}}{p_{t2}}[y_{t2} + (1+i)y_{t1}] \tag{5.5}$$

此时预算约束线变得平缓，在纵轴上的截距缩小，居民效用在 B 点达到最佳的状态。第一期消费支出增加，第二期消费支出减少，居

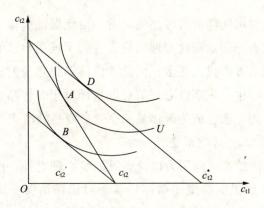

**图 5 - 6　价格水平与居民跨期消费**

民的福利损失。如果收入随着价格的上涨而调整，则预算约束线为：

$c_{t2} = y_{t2} - \dfrac{p_{t1}(1+i)c_{t1}}{p_{t2}} + \dfrac{p_{t1}(1+i)y_{t1}}{p_{t2}}$，此时预算约束线右移，与较高的

效用曲线相切于 D 点，居民第一期消费支出和第二期消费支出均增加，居民的福利增加。

由此可看出，在价格不断上涨，而收入并没有出现增加的情况下，居民的福利出现损失。如果收入在这样的情况下出现增长的情况，居民可以以跨期消费的方式实现福利的增加。也就是说，价格上涨对于居民跨期消费结构的影响效力的发挥，还需要去考量居民收入水平的因素。因此，我们需要在计量模型构建的时候，将居民收入、跨期消费等因素纳入其中，由此处理好价格水平和居民消费支出之间的关系。

## 第二节　税制结构与价格水平的实证分析

上一节通过理论分析得出：间接税有提高价格水平的作用，而直接税对价格水平的影响则不能确定。本节通过建立 SVAR 模型，分析在中国税制结构中的间接税与直接税与 CPI 之间是否符合上节理论分

析的结论。

## 一 数据的选取

税制结构数据采用间接税、直接税占税收总收入的比重。在间接税、直接税的划分上，依照第四章的方法，将间接税与直接税划分如下：间接税包含增值税、营业税、消费税、资源税、城市维护建设税以及关税；直接税主要包括企业所得税、个人所得税和房产税。价格水平数据采用居民消费价格指数 CPI。模型数据如表 5 - 1 所示。

表 5 - 1　　　　　　　　　　税制结构与价格水平数据

| 年份 | CPI | 间接税占比（%） | 直接税占比（%） |
|------|-------|----------------|----------------|
| 1994 | 124.1 | 76.10 | 16.41 |
| 1995 | 117.1 | 75.68 | 16.73 |
| 1996 | 108.3 | 72.03 | 18.29 |
| 1997 | 102.8 | 75.23 | 16.36 |
| 1998 | 99.2 | 75.37 | 16.60 |
| 1999 | 98.6 | 73.92 | 17.08 |
| 2000 | 100.4 | 73.62 | 20.99 |
| 2001 | 100.7 | 65.45 | 25.22 |
| 2002 | 99.2 | 73.32 | 23.15 |
| 2003 | 101.2 | 67.06 | 23.92 |
| 2004 | 103.9 | 67.73 | 25.56 |
| 2005 | 101.8 | 66.46 | 27.94 |
| 2006 | 101.5 | 65.88 | 28.87 |
| 2007 | 104.8 | 61.76 | 29.45 |
| 2008 | 105.9 | 60.51 | 30.61 |
| 2009 | 99.3 | 62.51 | 28.40 |
| 2010 | 103.3 | 61.52 | 27.70 |
| 2011 | 105.4 | 59.39 | 29.82 |
| 2012 | 102.6 | 58.12 | 29.02 |
| 2013 | 102.6 | 58.14 | 28.94 |
| 2014 | 102.0 | 54.64 | 28.42 |

资料来源：基尼系数数据来源于国家统计局网站，间接税与直接税占总税收收入比重则根据历年《中国统计年鉴》整理计算得来。

三个时间序列的统计描述分析如表 5-2 所示。

表 5-2　　　　　　税制结构与价格水平的统计描述分析

| 变量 | 观察数 | 平均值 | 最大值 | 最小值 | 标准差 |
|---|---|---|---|---|---|
| CPI | 21 | 104.0333 | 124.1000 | 98.60000 | 6.124813 |
| 间接税/税收总量 | 21 | 0.656772 | 0.760964 | 0.546389 | 0.076501 |
| 直接税/税收总量 | 21 | 0.243258 | 0.306097 | 0.163594 | 0.052275 |

## 二　模型构建与估计结果

### (一)　数据的平稳性检验与协整检验

本书运用 Eviews 9.0 对三组时间序列采用 ADF 检验法进行平稳性检验，检验结果如表 5-3 所示。

表 5-3　　　　　　　各变量的单位根检测结果

| 变量 | 检测类型 (C, T, L) | t统计值 | 临界值1% | 临界值5% | 临界值10% | 伴随概率 | 是否平稳 |
|---|---|---|---|---|---|---|---|
| CPI | (C, 4, 4) | -2.677263 | -3.920350 | -3.065585 | -2.673459 | 0.0994 | 否 |
| Indirecttax | (C, 1, 4) | -0.448143 | -3.831511 | -3.029970 | -2.655194 | 0.8815 | 否 |
| Directtax | (C, 0, 4) | -1.350816 | -3.808546 | -3.020686 | -2.650413 | 0.5848 | 否 |
| D (CPI) | (C, 1, 4) | -3.591182 | -3.857386 | -3.040391 | -2.660551 | 0.0171 | 是 |
| D (Indirecttax) | (C, 1, 4) | -5.243308 | -3.857386 | -3.040391 | -2.660551 | 0.0006 | 是 |
| D (Directtax) | (C, 0, 4) | -3.756031 | -3.831511 | -3.029970 | -2.655194 | 0.0117 | 是 |

表 5-3 显示，CPI 与间接税占比、直接税占比三组数据一阶平稳，均为 I(1) 数据。继而对三组数据进行协整分析，如表 5-4 所示可看出，CPI 与间接税占比、直接税占比三者间存在协整关系。

表 5-4　　　　　　税制结构与价格水平数据的协整检验结果

| 原假设 | 迹统计量 | 临界值5% | P 值 |
|---|---|---|---|
| 不存在 | 56.07259 | 24.27596 | 0.0000 |
| 至少存在一个 | 18.24289 | 12.32090 | 0.0046 |
| 至少存在两个 | 4.739410 | 4.129906 | 0.0350 |

（二）模型滞后阶数的确定与模型稳定性检验

滞后阶数的确定对SVAR模型非常重要，滞后阶数够大虽然能够较好地反映模型的动态特征，但滞后阶数过大也容易降低模型的自由度。本书通过Eviews 9.0检验模型的滞后阶数，并根据AIC和SC原则确定模型的滞后阶数为2，如表5-5所示。

表5-5　　　　　　　　　　模型滞后阶数的确定

| lag | logL | AIC | SC | HQ |
| --- | --- | --- | --- | --- |
| 0 | 34.82941 | -3.744637 | -3.597599 | -3.730021 |
| 1 | 55.55086 | -5.123631 | -4.535480 | -5.065167 |
| 2 | 77.06298 | -6.595645 | -5.566382 | -6.493334 |
| 3 | 83.97006 | -6.349419 | -4.879042 | -6.203261 |
| 4 | 104.1571 | -7.665544 | -5.754054 | -7.475538 |

本书利用单位根的图表检验进行模型稳定性检验。如图5-7所示，模型的单位根均位于单位圆内，可知模型是稳定的。

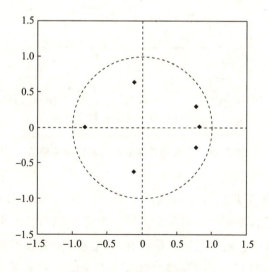

图5-7　单位根分布

（三）模型结果

本书通过在建立的稳定的 SVAR 模型基础上观察脉冲响应函数来分析变量间的关系，模型的脉冲响应与累积脉冲响应如图 5 - 8 所示。

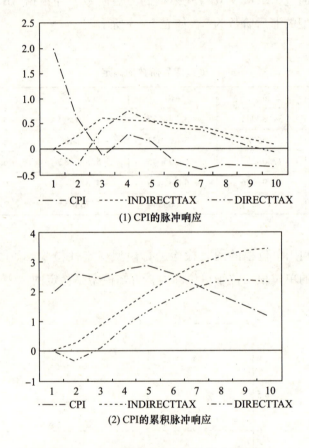

(1) CPI的脉冲响应

(2) CPI的累积脉冲响应

**图 5 - 8 CPI 的脉冲响应与累积脉冲响应**

从图 5 - 8 中我们可以得到两个信息：第一，我国间接税对价格水平表现为正的冲击，间接税比重的上升会提高价格水平，这与前文的理论推导结论一致，我国直接税在前两期表现为负的影响，第二期后表现为正的冲击，证明我国的直接税占比的上升刚开始可以降低价格水平，之后也会逐渐提高价格水平。第二，税收结构对价格水平的正冲击在短期内表现为价格水平的上升，且无论间接税还是直接税占比对价格水平的冲击强度都随着时间呈上升的趋势。这证明我国目前的税制结构在一定程度上加重了 CPI 的上升趋势。

## 第三节 价格水平影响消费的实证分析

### 一 价格水平与居民消费支出的相关性分析

在做计量模型前，我们利用居民消费支出指数（Residential Consumption Index，RCI）数据（上一年等于 100）与消费价格指数（CPI）数据对价格上涨和居民消费支出之间的关系进行相关性分析。在相关性分析中，按照相关系数的绝对值大小可以对变量之间的相关关系进行初步的划分。相关系数的绝对值大于 0.95 为显著相关关系；相关系数在 0.8—0.95 之间为高度相关关系；相关系数在 0.5—0.8 之间为中度相关关系；相关系数在 0.3—0.5 之间为低度相关关系；相关系数低于 0.3 为极弱的相关关系，也可以判定为两个变量之间不存在相关关系。居民消费支出指数与 CPI 之间的相关性分析如表 5-6 所示。

表 5-6　　居民消费支出指数与消费价格指数的相关性分析

| 相关性系数 | CPI | RCI |
| --- | --- | --- |
| CPI | 1.000000 | 0.957396 |
| RCI | 0.957396 | 1.000000 |

从表 5-6 可以看出，居民消费支出指数与物价水平之间的相关系数为 0.957396，两者高度相关。从图 5-9 居民消费支出指数与 CPI、滞后一期、滞后二期、滞后三期、滞后四期 CPI 的趋势图可以看出，物价对居民消费支出的影响具有周期性特征。物价上涨，居民会增加现期消费支出，减少未来消费，长期来看，物价上涨将会导致边际消费倾向下降，减少消费需求。另外，物价的上涨将会导致厂商增加商品供给，供给增加，而需求减少，这两个方面的共同作用又将降低物价。物价的降低使居民再次调整消费，价格调整市场供求就像这样周期性地循环。

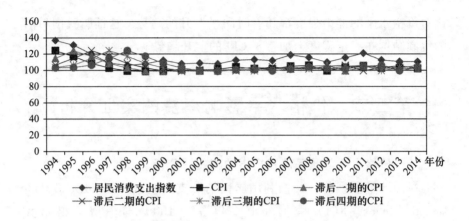

**图 5 - 9　即期 CPI、滞后一期、滞后二期、滞后三期、**

**滞后四期 CPI 与居民消费支出指数**

从图 5 - 9 中还可以发现一个重要现象：价格水平对居民消费支出的影响是滞后的。且可以看出，价格水平对居民消费支出的影响是滞后三期的。例如 1994—1999 年，居民消费支出是下降的，而滞后三期的 CPI 则是上升的，且之后两者的变化方向大致相反，证明价格水平的变动影响预期的消费支出。

**二　模型的设定**

前文在理论上分析了物价影响居民消费的途径，并基于居民消费支出指数数据与 CPI 数据对物价水平与居民消费支出之间的相关性进行了分析，得出物价水平与居民消费支出不仅高度相关，而且物价对居民消费的影响具有滞后性的结论。而产生这种滞后性的主要原因是居民对不同价格水平变化产生的不同预期：居民通过增加即期消费、降低未来消费的方法来应对预期物价上涨，通过相反的方法来应对预期物价下跌。从以上分析可知，不仅即期价格水平会影响消费支出，居民对价格水平的预期也会影响消费支出，而居民根据什么做出价格预期？依据适应性预期理论，居民是根据过去的价格水平来不断调整对未来价格水平的预期的。因此，为了准确全面地验证物价水平对居民消费支出的影响，本书将即期物价水平与过去的物价水平一起纳入研究消费支出的模型。

本书引用美国经济学家纳洛夫（Nerlove，1956）提出的加法形式适应性预期模型考察居民消费行为。根据前文分析，居民的当期消费除了受当期物价影响外，还受价格预期的影响，居民消费模型表示如下：

$$C_t = \beta_0 + \beta_1 P_t + \beta_2 P_t^e + \varepsilon_t \tag{5.6}$$

式（5.6）中，$C_t$ 表示居民在第 $t$ 期的消费，$P_t$ 表示第 $t$ 期价格水平，$P_t^e$ 表示第 $t$ 期的消费价格预期，$\varepsilon_t$ 为随机误差项，随机误差项服从正态分布。

因为不能直接观测消费价格预期数据，纳洛夫提出用其他能够测量的变量代替，由此提出加法形式的适应性预期模型，在模型中，纳洛夫认为，消费者修正未来价格预期是依据过去的预期误差，模型表示如下：

$$P_t^e - P_{t-1}^e = \lambda(P_{t-1} - P_{t-1}^e)，即 P_t^e = \lambda P_{t-1} + (1-\lambda)P_{t-1}^e \tag{5.7}$$

式（5.7）表示消费者在第 $t$ 期的价格预期是第 $t-1$ 期实际物价水平 $P_{t-1}$ 与价格预期 $P_{t-1}^e$ 的加权平均数，$\lambda$ 表示预期系数，意思是修正未来预期的速度。将式（5.7）代入式（5.6），可得：

$$C_t = \beta_0 + \beta_1 P_t + \lambda\beta_2 P_{t-1} + (1-\lambda)\beta_2 P_{t-1}^e + \varepsilon_t \tag{5.8}$$

由式（5.6）可得：

$$\beta_2 P_{t-1}^e = C_{t-1} - \beta_0 - \beta_1 P_{t-1} - \varepsilon_{t-1} \tag{5.9}$$

将式（5.9）代入式（5.8），整理得：

$$C_t = \lambda\beta_0 + \lambda\beta_1 P_t + \lambda\beta_2 P_{t-1} + (1-\lambda)C_{t-1} + \varepsilon_t - (1-\lambda)\varepsilon_{t-1} \tag{5.10}$$

写成计量形式为：

$$C_t = \alpha_0 + \alpha_1 P_t + \alpha_2 P_{t-1} + \alpha_3 C_{t-1} + \delta_t \tag{5.11}$$

式（5.11）中的 $\alpha_1$ 表示消费支出的长期价格弹性，$\alpha_2$ 意为消费支出的短期价格弹性，将上式的等号两边同时取对数以消除异方差的影响可得：

$$\ln C_t = \alpha_0 + \alpha_1 \ln P_t + \alpha_2 \ln P_{t-1} + \alpha_3 \ln C_{t-1} + \delta_t \tag{5.12}$$

此外，根据第二章的理论分析，我们可知居民的消费还受很多因素的影响，其中最重要的便是可支配收入，因此，本书将可支配收入 $I_t$ 作为影响变量加入模型，可得：

$$\ln C_t = \alpha_0 + \alpha_1 \ln P_t + \alpha_2 \ln P_{t-1} + \alpha_3 \ln C_{t-1} + \alpha_4 \ln I_t + \delta_t \tag{5.13}$$

从式（5.13）可看出，本书最终将当期可支配收入、当期物价水平、前一期的物价水平与消费支出纳入对消费影响分析的模型中，将前一期消费支出纳入模型的主要原因是消费者存在惯性消费支出，将前一期物价水平纳入模型的主要原因是物价水平对消费的影响具有滞后性。最后物价水平到底滞后多少期，虽然前文在对居民消费价格指数和 CPI、滞后一、二、三、四期的 CPI 做趋势分析时有了直观的判断，但具体计量操作中，还需要用阿尔蒙法来确定。在建模前，为确定变量间是否存在长期均衡性，本书接着采用 ADF 法对变量进行平稳性检验、协整检验。

### 三　数据的选取与说明

根据初步设定的模型，为考察物价水平与城镇居民消费支出之间的动态相关关系，对所要求的变量定义如下：物价水平采用居民消费价格指数（CPI）；居民的消费支出采用居民人均消费性支出，居民人均消费性支出计算方法同第四章，即：

$$居民人均消费性支出 = \frac{城镇居民人均消费性支出 \times 城镇人口 + 农村居民人均消费性支出 \times 农村人口}{总人口}$$

$$全国居民人均可支配收入 = \frac{城镇居民人均消费性支出 \times 城镇人口 + 农村居民人均消费性支出 \times 农村人口}{总人口}$$

以上数据均来自历年《中国统计年鉴》，并经整理、计算得来，样本区间为 1994—2014 年，经过计算的数据如表 5-7 所示。

表 5-7　　我国 1994—2014 年 CPI、可支配收入与消费数据　　单位：元

| 年份 | CPI | 居民人均消费性支出 | 居民人均可支配收入 |
| --- | --- | --- | --- |
| 1994 | 124.1 | 1086.4 | 1393.665 |
| 1995 | 117.1 | 1539.831 | 1881.727 |
| 1996 | 108.3 | 1957.15 | 2402.272 |
| 1997 | 102.8 | 2287.561 | 2855.573 |
| 1998 | 99.2 | 2436.869 | 3114.017 |
| 1999 | 98.6 | 2504.551 | 3296.897 |
| 2000 | 100.4 | 2634.198 | 3530.039 |

续表

| 年份 | CPI | 居民人均消费性支出 | 居民人均可支配收入 |
|------|------|------------------|------------------|
| 2001 | 100.7 | 2875.476 | 3769.807 |
| 2002 | 99.2 | 3084.7 | 4122.782 |
| 2003 | 101.2 | 3474.207 | 4594.196 |
| 2004 | 103.9 | 3794.421 | 5065.161 |
| 2005 | 101.8 | 4271.748 | 5724.387 |
| 2006 | 101.5 | 4871.301 | 6464.491 |
| 2007 | 104.8 | 5431.048 | 7337.299 |
| 2008 | 105.9 | 6332.079 | 8672.726 |
| 2009 | 99.3 | 7223.504 | 10087.95 |
| 2010 | 103.3 | 7991.84 | 11157.9 |
| 2011 | 105.4 | 8922.084 | 12681.75 |
| 2012 | 102.6 | 10317.26 | 14774.76 |
| 2013 | 102.6 | 11567.85 | 16861.56 |
| 2014 | 102 | 13396.7 | 18761.05 |

资料来源：根据历年《中国统计年鉴》整理计算得来。

根据上一节的模型，上述三组数据都需要取对数处理，经处理的三组时间序列走势如图 5-10 所示。其中，lnP 指的是价格指数 CPI 经对数处理形成的序列，lnC 指的是居民人均消费性支出数据经对数处理形成的序列，lnI 指的是居民人均可支配收入数据经对数处理形成的序列。

### 四 估计结果与分析

#### （一）变量的平稳性检验

本书利用 Eviews 9.0 软件采用 ADF 检验法对 lnC、lnP、lnI 序列进行平稳性检验，以满足建立计量模型的要求。检验结果如下：

从表 5-8 中我们可以清楚地看到，变量 lnC、lnP、lnI 的原始变量都是非平稳的，但它们的一阶变量在 5% 临界值下都是平稳的，因此，各个变量的原始序列是一阶单整序列 I（1）。

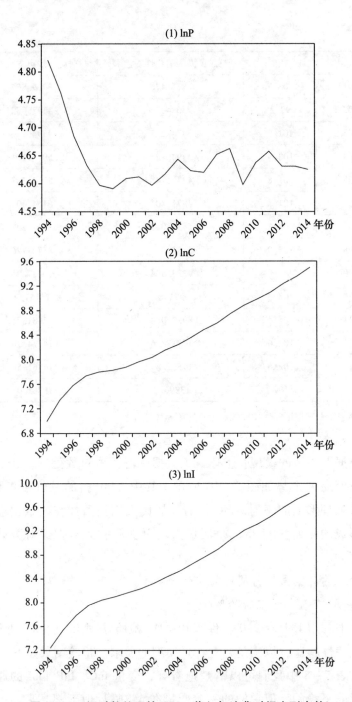

图 5-10　经对数处理的 CPI、收入与消费时间序列走势

表 5 - 8　　　　　　　　　　各变量单位根检验结果

| 变量 | 检测类型<br>(C, T, L) | t 统计值 | 临界值 1% | 临界值 5% | 临界值 10% | 伴随<br>概率 | 是否平稳 |
|------|------|------|------|------|------|------|------|
| lnC | (C, 0, 4) | -1.287740 | -3.808546 | -3.020686 | -2.650413 | 0.6141 | 否 |
| lnP | (C, 4, 4) | -2.681817 | -3.920350 | -3.065585 | -2.673459 | 0.0986 | 否 |
| lnI | (C, 4, 4) | 0.979222 | -3.920350 | -3.065585 | -2.673459 | 0.9938 | 否 |
| DlnC | (C, T, 2) | -3.405914 | -3.857386 | -3.040391 | -2.660551 | 0.0247 | 是 |
| DlnP | (0, 1, 4) | -3.688720 | -2.699769 | -1.961409 | -1.606610 | 0.0010 | 是 |
| DlnI | (0, 0, 4) | -2.600090 | -2.692358 | -1.960171 | -1.607051 | 0.0124 | 是 |

（二）协整检验

从表 5 - 8 可知，lnC、lnP、lnI 均为一阶单整序列，符合进行协整检验的条件，本书采用约翰森协整检验法对变量 lnC、lnP、lnI 进行协整检验，检验结果如表 5 - 9 所示。

表 5 - 9　　　　　　　　　　变量的协整检验结果

| 原假设 | 迹统计量 | 临界值 5% | P 值 |
|------|------|------|------|
| 不存在 | 55.24605 | 35.01090 | 0.0001 |
| 至少存在一个 | 19.56290 | 18.39771 | 0.0343 |
| 至少存在两个 | 6.588871 | 3.841466 | 0.0103 |

表 5 - 9 的协整检验结果表明，时间序列 lnC、lnP、lnI 的关系方程在 5% 的显著性水平上三个变量至少存在一个协整关系，说明居民人均消费支出与居民人均收入、CPI 变量在样本区间内存在长期的均衡关系。

继而对 lnC 与 lnI、lnC 与 lnP 进行格兰杰因果检验。在进行格兰杰因果检验前需确定两对变量之间的最优滞后阶数。本书采取 AIC 和 AC 准则进行判断最优滞后阶数，如表 5 - 10 和表 5 - 11 所示，lnC 与 lnI 之间最优的滞后阶数为 3，lnC 与 lnp 之间最优的滞后阶数为 3。

表 5 – 10                               lnC 与 lnI 的滞后阶数

| Lag | logL | AIC | SC | HQ |
| --- | --- | --- | --- | --- |
| 0 | 34. 57526 | – 3. 832384 | – 3. 734358 | – 3. 822640 |
| 1 | 91. 56048 | – 10. 06594 | – 9. 771863 | – 10. 03671 |
| 2 | 92. 78532 | – 9. 739449 | – 9. 249324 | – 9. 690730 |
| 3 | 109. 0149 | – 11. 17823 | – 10. 49205 | – 11. 11002 |
| 4 | 109. 9767 | – 10. 82079 | – 9. 938568 | – 10. 73310 |

表 5 – 11                               lnC 与 lnP 的滞后阶数

| Lag | logL | AIC | SC | HQ |
| --- | --- | --- | --- | --- |
| 0 | 30. 40415 | – 3. 341665 | – 3. 243640 | – 3. 331921 |
| 1 | 87. 18230 | – 9. 550858 | – 9. 256783 | – 9. 521627 |
| 2 | 91. 33249 | – 9. 568528 | – 9. 078402 | – 9. 519808 |
| 3 | 97. 48504 | – 9. 821769 | – 9. 135593 | – 9. 753562 |
| 4 | 101. 3075 | – 9. 800882 | – 8. 918657 | – 9. 713187 |

两组变量的格兰杰因果检验结果如表 5 – 12 所示。

表 5 – 12                            变量的格兰杰因果检测结果

| 零假设 | 滞后阶数 | 观察值 | F 统计量 | P 值 | 结论 |
| --- | --- | --- | --- | --- | --- |
| lnI 不是 lnC 的格兰杰原因 | 3 | 18 | 10. 2299 | 0. 0016 | 拒绝 |
| lnC 不是 lnI 的格兰杰原因 | 3 | 18 | 6. 21033 | 0. 0100 | 拒绝 |
| lnP 不是 lnC 的格兰杰原因 | 3 | 18 | 3. 15908 | 0. 0482 | 拒绝 |
| lnC 不是 lnP 的格兰杰原因 | 3 | 18 | 2. 89610 | 0. 0832 | 接受 |

变量 lnC、lnP、lnI 的格兰杰因果检验结果显示：居民人均可支配收入 lnI 与居民人均消费性支出 lnC 互为格兰杰因果关系；价格水平 lnP 是居民人均消费性支出 lnC 的格兰杰原因，而居民人均消费性支出 lnC 不是价格水平 lnP 的格兰杰原因。这也支持了本书的研究假设，即价格水平变化是影响居民消费支出的重要因素。

（三）模型的估计与分析

结合式（5.13），本书对 lnC、lnP、lnI 变量建立以 lnC 为因变量、lnI 为外生变量，主要考察 lnP 与 lnC 关系的自回归分布滞后模型。在上一节格兰杰因果检验之前，我们便确定了物价水平 lnP 的滞后阶数为 3，结合式（5.13），我们建立如下方程：

$$\ln C_t = \alpha_0 + \alpha_1 \ln P_t + \alpha_2 \ln P_{t-1} + \alpha_3 \ln P_{t-2} + \alpha_4 \ln P_{t-3} + \alpha_5 \ln C_{t-1} + \alpha_6 \ln I_t + \delta_t$$

然后，运用阿尔蒙多项式估计法估计模型的回归结果如表 5-13 所示。

表 5-13　　　　　阿尔蒙多项式估计结果

| 变量 | 相关系数 | 标准差 | t 统计量 | 概率（P） |
|---|---|---|---|---|
| C | -1.709623 | 1.961338 | -0.871662 | 0.4020 |
| lnC（-1） | 0.001055 | 0.332069 | 0.003178 | 0.9975 |
| lnI | 0.937647 | 0.309014 | 3.034323 | 0.0114 |
| lnP | 0.322686 | 1.186005 | 0.272078 | 0.7906 |
| PDL01 | 0.076161 | 0.278475 | 0.2753495 | 0.7895 |
| PDL02 | 0.145149 | 0.633432 | 0.229147 | 0.8230 |
| PDL03 | -0.082866 | 0.313254 | -0.264533 | 0.7963 |
| $R^2$ | 0.999555 | 因变量的均值 | 8.494475 | |
| 调整的 $R^2$ | 0.999312 | 因变量的标准差 | 0.580757 | |
| 回归标准差 | 0.015235 | 赤池信息量 | -5.245150 | |
| 残差平方和 | 0.002553 | 施瓦兹信息量 | -4.898894 | |
| 似然对数值 | 54.20635 | 汉南—奎因准则 | -5.197406 | |
| 统计量 | 4115.395 | DW 统计量 | 1.815468 | |
| 伴随概率 | 0.000000 | | | |
| 滞后期 | i | 相关系数 | 标准差 | t 统计量 |
| | 0 | -0.15185 | 1.09528 | -0.13864 |
| | 1 | 0.07616 | 0.27847 | 0.27349 |
| | 2 | 0.13844 | 0.22709 | 0.60966 |
| | 3 | 0.03499 | 0.17618 | 0.19863 |
| 总和 | | 0.09775 | 1.20105 | 0.08138 |

以此可建立如下回归方程：

$$\ln C_t = -1.639359 + 0.322686\ln P_t + 0.076161\ln P_{t-1} + 0.145149\ln P_{t-2} -$$
$$0.082866\ln P_{t-3} + 0.001055\ln C_{t-1} + 0.937647\ln I_t$$

$$R^2 = 0.999555 \quad \overline{R}^2 = 0.999312 \quad F = 4115.395 \quad D.W. = 1.815468$$

模型结果的拟合度高达 99.93%，表明模型拟合较好。另外，根据以下残差的自相关检验表（见表 5 - 14），模型不存在自相关。

表 5 - 14　　　　　　　阿尔蒙模型的残差自相关检验

| 自相关 | 部分相关 | | | AC | PAC | 统计量 | 概率 |
|---|---|---|---|---|---|---|---|
| | | | 1 | -0.079 | -0.079 | 0.1334 | 0.715 |
| | | | 2 | 0.041 | 0.035 | 0.1711 | 0.918 |
| | | | 3 | -0.089 | -0.084 | 0.3632 | 0.948 |
| | | | 4 | -0.100 | -0.116 | 0.6216 | 0.961 |
| | | | 5 | -0.132 | -0.147 | 1.1027 | 0.954 |
| | | | 6 | -0.287 | -0.329 | 3.5769 | 0.734 |
| | | | 7 | -0.209 | -0.349 | 5.0019 | 0.660 |
| | | | 8 | 0.153 | 0.009 | 5.8447 | 0.665 |
| | | | 9 | 0.063 | -0.026 | 6.0043 | 0.739 |
| | | | 10 | -0.040 | -0.254 | 6.0760 | 0.809 |
| | | | 11 | 0.192 | -0.017 | 7.9628 | 0.717 |
| | | | 12 | -0.036 | -0.229 | 8.0401 | 0.782 |

模型的回归结果显示：消费支出的居民人均可支配收入弹性系数为 0.937647，意味着居民人均可支配收入每上涨 1 个百分点，居民人均消费支出因此上升 0.937647 个百分点。消费支出的当期价格弹性系数为 0.322686，意味着每上涨 1 个百分点的当期价格，居民人均消费支出上升 0.322686 个百分点。消费支出的前一期价格弹性系数为 0.076161，消费支出的前两期价格弹性系数为 0.145149，说明前一期、前两期的物价水平上涨对消费仍然是正向的，前三期的物价水平对居民人均消费支出的弹性为 -0.082866，意味着前三期的物价水平对消费有着负向作用，居民人均消费因物价水平上涨 1 个百分点而下

降 0.082866 个百分点。

模型的回归分析得出：即期的物价水平上升一定程度上会促进居民扩大其消费支出，这也可能是因为衡量消费的指标本身没有剔除价格的影响而导致的消费额虚高，使模型在滞后一期和滞后二期时，价格水平显现了正的拉动。但持续的物价水平上涨却会抑制居民消费支出，这种抑制作用在滞后三期的物价上开始产生。

总而言之，这一节的实证研究可以表明价格水平与居民消费支出呈高度的相关关系，且居民消费支出受物价水平波动的影响效应从一开始的正向效应会逐渐转为负向效应，效应效果持续增强。

本章通过建立 CPI 与税制结构之间的 SVAR 模型和 CPI 与居民人均消费性支出之间的阿尔蒙模型可以看出，一定程度上中国现行的税制结构导致了价格水平的上升，而价格水平的持续上涨又将降低居民人均消费支出，证明我国目前的税制结构通过价格水平影响了居民的消费支出。

# 第六章　中国税制结构影响消费的实证研究

——基于因子分析法

第四章和第五章基于 VAR 模型、阿尔蒙模型、SVAR 模型对税制结构影响消费的传导机制进行了分析与实证检验，本章则具体研究中国的税制结构对消费造成的影响。消费的变化是收入、收入分配、价格水平、税制结构、政府干预、经济结构等各种因素共同作用的结果，本部分的实证分析基于 SPSS 因子分析法对除税制结构以外的其他影响消费的基本因素进行因子分析，得出影响消费的因子，然后将因子纳入模型，从间接税或直接税结构、税系结构和税种结构三方面对税制结构与消费的关系进行计量分析。

## 第一节　基于因子分析法的因素选取

在建立多元回归模型时，为了更准确地反映事物的特征，人们经常会在模型中包含较多相关解释变量，这不仅使问题分析变得复杂，而且变量之间可能存在多重共线性，使数据提供的信息发生重叠，甚至会抹杀事物的真正特征，为了解决这些问题，需要采用降维的思想，将所有指标的信息通过少数几个指标来反映，在低维空间将信息分解为互不相关的部分以获得更有意义的解释。因子分析法就是将原本复杂的原始变量关系通过降维到几个综合因子以更好地建立多元回归模型。

### 一　消费需求的影响因素

从前文的分析可知，影响消费需求的大致有居民收入、价格和政策环境三方面因素，本书围绕的是税制结构与消费的关系，因此，本书将消费作为因变量，税制结构作为自变量，而其他影响消费的因素则作为控制变量研究税制结构与消费在多因素的环境下是什么样的影响关系。另外，本书用居民消费率（RC），即居民消费/以支出法计算的国内生产总值的比重来衡量消费需求。

（一）与居民收入有关的因素

从本书第二章提到了当代西方消费理论中可知，收入对消费有着决定性的影响，这在绝对收入理论、相对收入假说、永久收入假说等理论中都有提及，并且在其他影响因素不变时，收入提高能有效提高居民消费需求，这个在第五章论证价格水平对消费的实证影响时也得到了证实。本书以居民人均收入/人均 GDP 作为衡量收入水平的变量纳入模型进行分析。

居民收入最主要来自就业，一般而言，增加就业人数可以提高整体居民的收入水平，而收入水平提高与消费呈正向关系。并且一国就业水平提高在一定程度上反映了这个国家发展势头良好，在这种情况下，居民会有良好的预期，从而进一步提高当期消费。因此，本书将"就业人数/总人口"作为衡量就业水平的指标纳入因子分析模型。

另外，前文在第二章税制结构影响消费的机理分析与第四章税制结构的传导机制——收入分配途径中对收入分配对消费的影响进行了理论和实证的研究，证实收入分配也是影响消费的重要因素，这章同样将上文衡量收入分配的基尼系数纳入因子分析模型。

消费与储蓄是居民收入使用的两个途径，一般而言，两者是对立的，在一定收入水平下，增加储蓄则会降低消费。本书以储蓄率（城乡人民币储蓄存款余额/国民总收入）来衡量居民的储蓄水平。

另外，国民收入分配的不确定性会通过影响消费者预期来影响消费，收入分配不确定性会导致居民增加储蓄。教育体制、医疗体制、住房体制的改革都会影响居民的收入分配与对未来消费的预期，本书将采用住房支出加医疗教育人均支出/居民人均消费支出来表达收入分配的不确定性指标。

（二）与消费品价格有关的因素

从前文的西方当代消费理论与第五章的物价水平对消费的影响实证分析均可知，物价水平通过影响购买力、购买预期、跨期购买等影响居民消费，本书采用前文使用的 CPI 数据衡量消费品价格有关因素纳入因子分析。

（三）国家影响消费的政策

国家有关财政、产业、金融、外贸等方面的政策会影响整体消费环境，从而影响消费预期与消费需求。本书用以下四个变量衡量国家影响消费的政策：以财政支出/GDP 衡量经济干预程度、第三产业/GDP 衡量经济结构、进出口总额/GDP 衡量经济开放度、金融机构贷款余额/GDP 衡量金融发展程度。

综上所述，消费需求影响因素如图 6 - 1 所示。

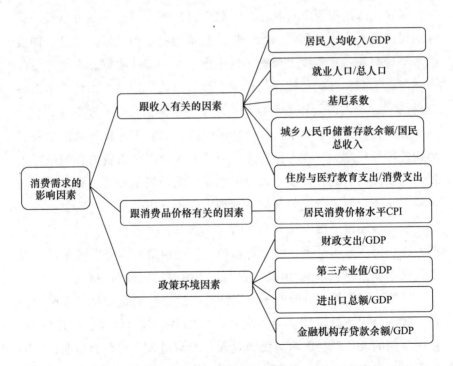

图 6 - 1　消费需求影响因素

## 二 基于因子分析法的消费需求影响因子提取

为与前文研究一致，本节将数据区间定为1994—2014年，数据来源于历年的《中国统计年鉴》《中国税务年鉴》和《中国财政年鉴》以及中国经济统计数据库，具体数据见表6-1。

表6-1　　　　　　　　　影响消费性内需的各因素

| 年份 | 居民收入水平 | 就业人口/总人口 | 基尼系数 | 居住、教育、医疗/GDP | 储蓄水平 | CPI | 政府干预指标 | 经济结构指标 | 经济开放度指标 | 金融发展指标 |
|---|---|---|---|---|---|---|---|---|---|---|
| 1994 | 0.46 | 0.56 | 0.37 | 0.13 | 0.45 | 124.10 | 0.12 | 0.34 | 0.42 | 0.83 |
| 1995 | 0.47 | 0.56 | 0.39 | 0.14 | 0.50 | 117.10 | 0.11 | 0.33 | 0.39 | 0.83 |
| 1996 | 0.48 | 0.56 | 0.38 | 0.14 | 0.55 | 108.30 | 0.11 | 0.33 | 0.34 | 0.86 |
| 1997 | 0.48 | 0.56 | 0.38 | 0.15 | 0.59 | 102.80 | 0.12 | 0.34 | 0.34 | 0.95 |
| 1998 | 0.48 | 0.57 | 0.39 | 0.16 | 0.64 | 99.20 | 0.13 | 0.36 | 0.32 | 1.03 |
| 1999 | 0.49 | 0.57 | 0.40 | 0.18 | 0.67 | 98.60 | 0.15 | 0.38 | 0.33 | 1.05 |
| 2000 | 0.47 | 0.57 | 0.41 | 0.19 | 0.66 | 100.40 | 0.18 | 0.43 | 0.44 | 1.11 |
| 2001 | 0.47 | 0.57 | 0.40 | 0.19 | 0.68 | 100.70 | 0.17 | 0.40 | 0.38 | 1.02 |
| 2002 | 0.48 | 0.57 | 0.43 | 0.21 | 0.73 | 99.20 | 0.18 | 0.41 | 0.43 | 1.09 |
| 2003 | 0.47 | 0.57 | 0.48 | 0.20 | 0.77 | 101.20 | 0.18 | 0.40 | 0.52 | 1.17 |
| 2004 | 0.46 | 0.57 | 0.47 | 0.19 | 0.75 | 103.90 | 0.18 | 0.40 | 0.60 | 1.11 |
| 2005 | 0.45 | 0.57 | 0.49 | 0.18 | 0.77 | 101.80 | 0.18 | 0.41 | 0.63 | 1.05 |
| 2006 | 0.44 | 0.57 | 0.49 | 0.17 | 0.75 | 101.50 | 0.19 | 0.41 | 0.07 | 1.04 |
| 2007 | 0.42 | 0.57 | 0.49 | 0.15 | 0.65 | 104.80 | 0.19 | 0.42 | 0.63 | 0.98 |
| 2008 | 0.42 | 0.57 | 0.49 | 0.14 | 0.69 | 105.90 | 0.20 | 0.42 | 0.57 | 0.97 |
| 2009 | 0.43 | 0.57 | 0.49 | 0.14 | 0.77 | 99.30 | 0.22 | 0.43 | 0.44 | 1.17 |
| 2010 | 0.42 | 0.57 | 0.48 | 0.13 | 0.76 | 103.30 | 0.22 | 0.43 | 0.50 | 1.19 |
| 2011 | 0.41 | 0.57 | 0.48 | 0.12 | 0.73 | 105.40 | 0.23 | 0.43 | 0.50 | 1.16 |
| 2012 | 0.43 | 0.57 | 0.47 | 0.12 | 0.77 | 102.60 | 0.24 | 0.45 | 0.47 | 1.21 |
| 2013 | 0.44 | 0.57 | 0.47 | 0.11 | 0.79 | 102.60 | 0.25 | 0.46 | 0.45 | 1.26 |
| 2014 | 0.44 | 0.56 | 0.47 | 0.12 | 0.77 | 102.00 | 0.24 | 0.48 | 0.42 | 1.28 |

资料来源：据历年《中国统计年鉴》《中国财政年鉴》和《中国税务年鉴》以及中国经济统计数据库中的数据整理计算得来。

下面将对表 6 - 1 中的所有变量数据运用 SPSS 统计软件进行因子分析。模型中，用 IL（Income Level）表示收入水平；ER（Employment Rate）表示就业率；Gini 表示基尼系数；SL（Savings Level）表示储蓄水平；UID（Uncertainty of Income Distribution）表示收入分配的不确定性；CPI 表示消费物价指数；GI（Government Intervention）表示政府干预指标；ES（Economic Structure）表示经济结构；ED（Economic Openness）表示经济开放度指标；FD（Financial Development）表示金融发展指标。在进行因子分析前，需分析变量的相关系数矩阵和 KMO 检验以分析变量之间是否能够进行因子提取。分析结果如表 6 -2 和表 6 - 3 所示。

表 6 - 2 原有变量的相关系数矩阵

|  | IL | ER | Gini | SL | UID | CPI | GI | ES | ED | FD | RC |
|---|---|---|---|---|---|---|---|---|---|---|---|
| IL | 1.000 | -0.166 | -0.786 | -0.444 | 0.601 | -0.008 | -0.736 | -0.602 | -0.351 | -0.393 | 0.908 |
| ER | -0.166 | 1.000 | 0.582 | 0.644 | 0.653 | -0.621 | 0.362 | 0.448 | 0.291 | 0.351 | 0.181 |
| Gini | -0.786 | 0.582 | 1.000 | 0.813 | -0.144 | -0.373 | 0.837 | 0.783 | 0.428 | 0.653 | -0.825 |
| SL | -0.444 | 0.644 | 0.813 | 1.000 | 0.095 | -0.758 | 0.837 | 0.844 | 0.224 | 0.888 | -0.550 |
| UID | 0.601 | 0.653 | -0.144 | 0.095 | 1.000 | -0.410 | -0.321 | -0.144 | -0.29 | -0.093 | 0.566 |
| CPI | -0.008 | -0.621 | -0.372 | -0.758 | -0.410 | 1.000 | -0.426 | -0.535 | 0.48 | -0.634 | -0.065 |
| GI | -0.736 | 0.362 | 0.837 | 0.837 | -0.321 | -0.426 | 1.000 | 0.957 | 0.329 | 0.871 | -0.730 |
| ES | -0.602 | 0.448 | 0.783 | 0.844 | -0.144 | -0.535 | 0.957 | 1.000 | 0.309 | 0.898 | -0.578 |
| ED | -0.351 | 0.291 | 0.428 | 0.224 | -0.029 | 0.048 | 0.329 | 0.309 | 1.000 | 0.201 | -0.317 |
| FD | -0.393 | 0.351 | 0.653 | 0.888 | -0.093 | -0.634 | 0.871 | 0.898 | 0.201 | 1.000 | -0.454 |
| RC | 0.908 | -0.181 | -0.825 | -0.550 | 0.566 | 0.065 | -0.730 | -0.578 | -0.317 | -0.454 | 1.000 |

表 6 - 3 KMO 和巴特利特球形度检验

| KMO 取样适切性量数 | | 0.627 |
|---|---|---|
| 巴特利特球形度检验 | 近似卡方 | 275.504 |
| | 自由度 | 45 |
| | 显著性 | 0.000 |

从表 6 - 2 原有变量的相关系数矩阵可知，IL、ER、Gini、SL、UID、CPI、GI、ES、ED、FD 十个变量间的相关系数大部分还是较高的，变量间的线性关系比较强，应该能够对这十大变量进行因子提取。

表 6 - 3 是 IL、ER、Gini、SL、UID、CPI、GI、ES、ED、FD 变量的巴特利特球形度检验与 KMO 检验，变量的 KMO 值为 0.627，大于 0.5，且变量的巴特利特球形度检验观测值为 275.504，显著性接近 0，表明这十个变量的相关系数矩阵与单位矩阵存在显著差异，根据 Kaiser 的标准可知 IL、ER、Gini、SL、UID、CPI、GI、ES、ED、FD 变量适合提取因子。

本书采用主成分分析法对大于 1 的特征根进行提取，输出因子分析的初始解如表 6 - 4 所示。

表 6 - 4　　　　　　　　　　因子分析的初始解

|  | 初始 | 提取 |
| --- | --- | --- |
| IL | 1.000 | 0.852 |
| ER | 1.000 | 0.907 |
| Gini | 1.000 | 0.887 |
| SL | 1.000 | 0.957 |
| UID | 1.000 | 0.962 |
| CPI | 1.000 | 0.862 |
| GI | 1.000 | 0.969 |
| ES | 1.000 | 0.911 |
| ED | 1.000 | 0.778 |
| FD | 1.000 | 0.881 |

注：提取方法为主成分分析法。

表 6 - 4 关于因子分析的初始解中两列数据都是变量的共同度，第一列是初始解下的变量共同度，第二列是提取特征根时的变量共同度。使用主成分分析法提取的 IL、ER、Gini、SL、UID、CPI、GI、ES、ED、FD 十个变量的共同度均为 1，意味着原有变量进行标准化

后的方差为1。在因子分析法中，因子分析的目标是提取的因子个数小于原有的变量，基于这个目标，因子分析是不能提取全部特征根的，第二列的变量共同度是在进行特征根提取操作时选中特征根大于1的变量。总体而言，根据主成分分析法对 IL、ER、Gini、SL、UID、CPI、GI、ES、ED、FD 十个变量进行因子分析的效果会比较理想。

在因子分析法中，可以根据析出的碎石图来确定因子的个数。IL、ER、Gini、SL、UID、CPI、GI、ES、ED、FD 十个变量的碎石图如图 6 - 2 所示，图中的纵坐标表示特征根的值，横坐标表示因子个数。第一个因子的特征根很高，接近 6，远大于 1，对原有变量解释力度最大，第二个因子和第三个因子虽然特征根不大，但都大于 1，其他 7 个因子的特征根则小于 1，对 IL、ER、Gini、SL、UID、CPI、GI、ES、ED、FD 变量的解释度很小，是可以忽略的"碎石"。因此本书提取 3 个因子。

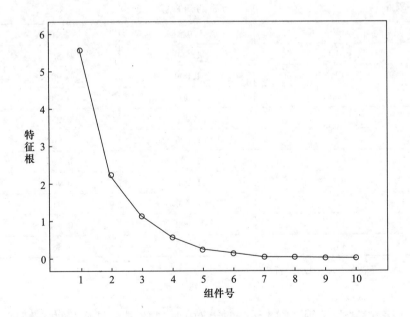

图 6 - 2　因子的碎石图

另外，根据 IL、ER、Gini、SL、UID、CPI、GI、ES、ED、FD 变量

的方差贡献率（见表6-5）也可以看出，成分1、成分2、成分3的初始特征值大于1，其他7个成分均小于1。成分矩阵如表6-6所示。

表6-5　　　　　　　　　　　原始变量的方差贡献率

| | 初始特征值 | | | 提取载荷平方和 | | | 旋转载荷平方和 | | |
|---|---|---|---|---|---|---|---|---|---|
| | 总计 | 方差百分比（%） | 累计百分比（%） | 总计 | 方差百分比（%） | 累计百分比（%） | 总计 | 方差百分比（%） | 累计百分比（%） |
| 1 | 5.587 | 55.866 | 55.866 | 5.587 | 55.866 | 55.866 | 5.000 | 50.001 | 50.001 |
| 2 | 2.244 | 22.439 | 78.305 | 2.244 | 22.439 | 78.305 | 2.211 | 22.113 | 72.114 |
| 3 | 1.136 | 11.359 | 89.665 | 1.136 | 11.359 | 89.665 | 1.755 | 17.551 | 89.665 |
| 4 | 0.567 | 5.672 | 95.336 | | | | | | |
| 5 | 0.236 | 2.357 | 97.693 | | | | | | |
| 6 | 0.134 | 1.1344 | 99.036 | | | | | | |
| 7 | 0.045 | 0.449 | 99.485 | | | | | | |
| 8 | 0.034 | 0.337 | 99.822 | | | | | | |
| 9 | 0.012 | 0.117 | 99.939 | | | | | | |
| 10 | 0.006 | 0.061 | 100.000 | | | | | | |

注：提取方法为主成分分析法。

表6-6　　　　　　　　　　　成分矩阵

| | 成分 | | |
|---|---|---|---|
| | 1 | 2 | 3 |
| IL | -0.656 | 0.625 | -0.177 |
| ER | 0.603 | 0.631 | 0.383 |
| Gini | 0.903 | -0.149 | 0.223 |
| SL | 0.944 | 0.218 | -0.135 |
| UID | -0.069 | 0.948 | 0.241 |
| CPI | -0.619 | -0.619 | 0.310 |
| GI | 0.943 | -0.259 | -0.111 |
| ES | 0.942 | -0.083 | -0.128 |
| ED | 0.383 | -0.171 | 0.776 |
| FD | 0.881 | 0.033 | -0.323 |

注：提取方法为主成分分析法。提取了3个成分。

取方差大于1的成分，从表6-5还可以看出，前三个方差大于1的成分对模型的解释度近90%。因子分析法中通常将因子载荷按第一因子的载荷降序进行正交旋转处理，输出的旋转后的成分矩阵对因子有命名解释性，表6-7即为旋转后的成分矩阵。

表6-7 旋转后的成分矩阵

| | 成分 | | |
|---|---|---|---|
| | 1 | 2 | 3 |
| IL | -0.551 | 0.488 | -0.557 |
| ER | 0.418 | 0.766 | 0.382 |
| Gini | 0.761 | 0.007 | 0.555 |
| SL | 0.927 | 0.275 | 0.148 |
| UID | -0.159 | 0.966 | -0.065 |
| CPI | -0.685 | -0.583 | 0.231 |
| GI | 0.921 | -0.178 | 0.299 |
| ES | 0.925 | -0.013 | 0.235 |
| ED | 0.076 | 0.070 | 0.876 |
| FD | 0.938 | 0.044 | 0.007 |

注：提取方法为主成分分析法。旋转方法为恺撒正态化最大方差法。旋转在6次迭代后已收敛。

由表6-7可知，第1个因子主要解释了消费环境相关变量，GI、ES、EO、FD在第1个因子上载荷较高；第2个因子主要解释与收入相关的变量，IL、ER、Gini、SL、UID在第2个因子上有较高的载荷；第3个因子主要解释与价格相关的因素，CPI在第3个因子上载荷较高。与旋转前的成分矩阵相比，因子含义更为清晰了。

表6-8 因子协方差矩阵

| 成分 | 1 | 2 | 3 |
|---|---|---|---|
| 1 | 1.000 | 0.000 | 0.000 |
| 2 | 0.000 | 1.000 | 0.000 |
| 3 | 0.000 | 0.000 | 1.000 |

注：提取方法为主成分分析法。旋转方法为恺撒正态化最大方差法。

表 6 - 8 的因子协方差矩阵显示成分 1、成分 2、成分 3 之间不存在线性相关，这也达到了因子分析的目标。在此基础上进行回归分析以获得因子得分系数，如表 6 - 9 所示。

表 6 - 9　　　　　　　　　　　　成分得分系数

| | 成分 | | |
|---|---|---|---|
| | 1 | 2 | 3 |
| IL | - 0. 055 | 0. 217 | - 0. 256 |
| ER | - 0. 024 | 0. 366 | 0. 264 |
| Gini | 0. 080 | 0. 002 | 0. 251 |
| SL | 0. 200 | 0. 081 | - 0. 074 |
| UID | - 0. 091 | 0. 458 | 0. 071 |
| CPI | - 0. 200 | - 0. 209 | 0. 281 |
| GI | 0. 194 | - 0. 118 | 0. 003 |
| ES | 0. 198 | - 0. 046 | - 0. 032 |
| ED | - 0. 184 | 0. 105 | 0. 658 |
| FD | 0. 250 | - 0. 040 | - 0. 205 |

注：提取方法为主成分分析法。旋转方法为恺撒正态化最大方差法。

根据表 6 - 9 写出因子得分函数，如下：

$Fac1 = -0.055IL - 0.024ER + 0.080Gini + 0.200SL - 0.091UID - 0.200CPI + 0.194GI + 0.198ES - 0.184ED + 0.250FD$

$Fac2 = 0.217IL + 0.366ER + 0.002Gini + 0.081SL + 0.458UID - 0.209CPI - 0.118GI - 0.046ES + 0.105ED - 0.040FD$

$Fac3 = -0.256IL + 0.264ER + 0.251Gini - 0.074SL + 0.071UID + 0.281CPI + 0.003GI - 0.032ES + 0.658ED - 0.205FD$

由此计算的因子得分如表 6 - 10 所示。

表 6 – 10　　　　　　　　　最终的因子得分

| 年份 | Fac1 | Fac2 | Fac3 |
| --- | --- | --- | --- |
| 1994 | – 0. 00465 | 0. 295048 | 0. 524058 |
| 1995 | 0. 008993 | 0. 328084 | 0. 490054 |
| 1996 | 0. 032456 | 0. 364874 | 0. 430293 |
| 1997 | 0. 066248 | 0. 390473 | 0. 40495 |
| 1998 | 0. 099642 | 0. 413229 | 0. 370052 |
| 1999 | 0. 10987 | 0. 429306 | 0. 376586 |
| 2000 | 0. 127592 | 0. 419091 | 0. 440536 |
| 2001 | 0. 104611 | 0. 43055 | 0. 424502 |
| 2002 | 0. 121735 | 0. 458519 | 0. 441772 |
| 2003 | 0. 119668 | 0. 477228 | 0. 507288 |
| 2004 | 0. 083701 | 0. 471386 | 0. 579469 |
| 2005 | 0. 064454 | 0. 485997 | 0. 617298 |
| 2006 | 0. 168372 | 0. 414094 | 0. 248456 |
| 2007 | 0. 0536 | 0. 419136 | 0. 633874 |
| 2008 | 0. 054491 | 0. 427619 | 0. 610753 |
| 2009 | 0. 14124 | 0. 449942 | 0. 469557 |
| 2010 | 0. 126906 | 0. 441689 | 0. 514971 |
| 2011 | 0. 117458 | 0. 425489 | 0. 523426 |
| 2012 | 0. 140907 | 0. 444023 | 0. 482938 |
| 2013 | 0. 15647 | 0. 449487 | 0. 460155 |
| 2014 | 0. 176665 | 0. 434108 | 0. 425395 |

　　基于因子分析法，通过 SPSS 软件，本书将除税制结构外影响消费的 10 个变量降维成了 3 个相互独立的因子，且 3 个因子能解释这10 个变量的大部分信息，并都有要对应的意义。在下文的实证分析中，我们就将这 3 个因子变量作为控制变量纳入模型整体环境下讨论税制结构与消费的关系。

## 第二节　间接税或直接税结构与消费
### 关系的实证研究

### 一　变量的选取

消费需求变量的数据采用居民消费率（RC），即居民消费/支出计算的法国内生产总值的比重。间接税或直接税税制结构（Tax Structure）数据参考第四章和第五章采用间接税或税收总量、直接税或税收总量来表示，另外，模型中还包括用因子分析法得出的三个因子。具体数据如表6－11所示。

表6－11　　　　　　　　　　　　　建模变量数据

| 年份 | 居民消费率（RC） | 间接税/税收总量（Indirecttax） | 直接税/税收总量（Directtax） | Fac1 | Fac2 | Fac3 |
|------|------|------|------|------|------|------|
| 1994 | 0.444959 | 0.760964 | 0.1641193 | − 0.00465 | 0.295048 | 0.524058 |
| 1995 | 0.461772 | 0.75679 | 0.1807938 | 0.008993 | 0.328084 | 0.490054 |
| 1996 | 0.472913 | 0.720294 | 0.1829049 | 0.032456 | 0.364874 | 0.430293 |
| 1997 | 0.463783 | 0.752275 | 0.1635941 | 0.066248 | 0.390473 | 0.40495 |
| 1998 | 0.459961 | 0.75374 | 0.1659595 | 0.099642 | 0.413229 | 0.370052 |
| 1999 | 0.467398 | 0.739201 | 0.1708417 | 0.10987 | 0.429306 | 0.376586 |
| 2000 | 0.526683 | 0.73622 | 0.2098913 | 0.127592 | 0.419091 | 0.440536 |
| 2001 | 0.462438 | 0.63788 | 0.2522047 | 0.104611 | 0.43055 | 0.424502 |
| 2002 | 0.457701 | 0.733232 | 0.231461 | 0.121735 | 0.458519 | 0.441772 |
| 2003 | 0.436921 | 0.646925 | 0.2392344 | 0.119668 | 0.477228 | 0.507288 |
| 2004 | 0.416485 | 0.655208 | 0.2556307 | 0.083701 | 0.471386 | 0.579469 |
| 2005 | 0.406799 | 0.645214 | 0.2794138 | 0.064454 | 0.485997 | 0.617298 |
| 2006 | 0.388874 | 0.637816 | 0.2887105 | 0.168372 | 0.414094 | 0.248456 |
| 2007 | 0.375431 | 0.597292 | 0.294493 | 0.0536 | 0.419136 | 0.633874 |
| 2008 | 0.367266 | 0.585569 | 0.3060972 | 0.054491 | 0.427619 | 0.610753 |
| 2009 | 0.371545 | 0.60419 | 0.2839889 | 0.14124 | 0.449942 | 0.469557 |

| 年份 | 居民消费率<br>（RC） | 间接税/税收总量<br>（Indirecttax） | 直接税/税收总量<br>（Directtax） | Fac1 | Fac2 | Fac3 |
|---|---|---|---|---|---|---|
| 2010 | 0.363768 | 0.589692 | 0.2770115 | 0.126906 | 0.441689 | 0.514971 |
| 2011 | 0.373136 | 0.570051 | 0.298192 | 0.117458 | 0.425489 | 0.523426 |
| 2012 | 0.382191 | 0.566675 | 0.2902238 | 0.140907 | 0.444023 | 0.482938 |
| 2013 | 0.386331 | 0.5566 | 0.2894456 | 0.15647 | 0.449487 | 0.460155 |
| 2014 | 0.381878 | 0.546389 | 0.2842069 | 0.176665 | 0.434108 | 0.425395 |

资料来源：根据历年《中国统计年鉴》《中国财政年鉴》和《中国税务年鉴》与中经网数据库数据整理计算而来。

六个变量的统计性描述如表 6 - 12 所示。

**表 6 - 12　　　　　　　变量的统计性描述**

| 变量 | 观察数 | 平均值 | 最大值 | 最小值 | 标准差 |
|---|---|---|---|---|---|
| 居民消费率 | 21 | 0.422297 | 0.526683 | 0.363768 | 0.046558 |
| 间接税/税收总量 | 21 | 0.656772 | 0.760964 | 0.546389 | 0.076501 |
| 直接税/税收总量 | 21 | 0.243258 | 0.306097 | 0.163594 | 0.052275 |
| Fac1 | 21 | 0.098592 | 0.176665 | − 0.004654 | 0.050265 |
| Fac2 | 21 | 0.422351 | 0.485997 | 0.295048 | 0.046364 |
| Fac3 | 21 | 0.475066 | 0.633874 | 0.248456 | 0.091922 |

## 二　数据平稳性检验及协整检验

在对变量进行建模分析前需对变量的数据进行平稳性检验及协整检验，本章跟第四章与第五章一样，采取 ADF 检验法对数据的平稳性进行检验。检验结果如表 6 - 13 所示。

**表 6 - 13　　　　　　　变量的 ADF 检验结果**

| 变量 | 检测类型<br>（C，T，L） | t 统计值 | 临界值1% | 临界值5% | 临界值10% | 伴随<br>概率 | 是否<br>平稳 |
|---|---|---|---|---|---|---|---|
| RC | （C，0，4） | − 0.928453 | − 3.808546 | − 3.020686 | − 2.650413 | 0.7572 | 否 |
| D（RC） | （C，0，4） | − 5.190735 | − 3.831511 | − 3.029970 | − 2.655194 | 0.0006 | 是 |
| Indirecttax | （C，1，4） | − 0.448143 | − 3.831511 | − 3.029970 | − 2.655194 | 0.8815 | 否 |

续表

| 变量 | 检测类型<br>(C, T, L) | t 统计值 | 临界值 1% | 临界值 5% | 临界值 10% | 伴随<br>概率 | 是否<br>平稳 |
|---|---|---|---|---|---|---|---|
| D (Indirecttax) | (C, 1, 4) | −5. 243308 | −3. 857386 | −3. 040391 | −2. 660551 | 0. 0006 | 是 |
| Directtax | (C, 0, 4) | −1. 350816 | −3. 808546 | −3. 020686 | −2. 650413 | 0. 5848 | 否 |
| D (Directtax) | (C, 0, 4) | −3. 756031 | −3. 831511 | −3. 029970 | −2. 655194 | 0. 0117 | 是 |
| Fac1 | (C, 0, 4) | −2. 572470 | −3. 808546 | −3. 020686 | −2. 650413 | 0. 1148 | 否 |
| D (Fac1) | (C, 0, 4) | −5. 640643 | −3. 857386 | −3. 040391 | −2. 660551 | 0. 0003 | 是 |
| Fac2 | (C, 0, 4) | −2. 493062 | −4. 498307 | −3. 658446 | −3. 268973 | 0. 3273 | 否 |
| D (Fac2) | (C, 0, 4) | −4. 271218 | −4. 532598 | −3. 673616 | −3. 277364 | 0. 0165 | 是 |
| Fac3 | (0, 2, 4) | −0. 282186 | −2. 699769 | −1. 961409 | −1. 606610 | 0. 5700 | 否 |
| D (Fac3) | (C, 1, 4) | −5. 858889 | −3. 857386 | −3. 040391 | −2. 660551 | 0. 0002 | 是 |

表 6 - 13 显示，变量 RC、Indirecttax、Directtax、Fac1、Fac2、Fac3 不是平稳序列，但对它们进行一阶差分后的序列都平稳，可见，RC、Indirecttax、Directtax、Fac1、Fac2、Fac3 都是一阶单整变量。

根据 AIC 和 SC 准则，模型的滞后阶数为 2，如表 6 - 14 所示，在滞后阶数的基础上对变量进行协整分析，如表 6 - 15 所示。

表 6 – 14　　　　　　　　　　变量的滞后阶数

| lag | logL | AIC | SC | HQ |
|---|---|---|---|---|
| 0 | 233. 5352 | −23. 95107 | −23. 65282 | −23. 90059 |
| 1 | 323. 1397 | −29. 59365 | −27. 50594 | −29. 24033 |
| 2 | 391. 6672 | −33. 01760 | −29. 14042 | −32. 36142 |

表 6 – 15　　　　　　　　　　约翰森协整检验结果

| 原假设 | 迹统计量 | 临界值 5% | P 值 |
|---|---|---|---|
| 不存在 | 192. 3574 | 103. 8473 | 0. 0000 |
| 至少存在一个 | 130. 7924 | 76. 97277 | 0. 0000 |
| 至少存在两个 | 84. 42208 | 54. 07904 | 0. 0000 |
| 至少存在三个 | 51. 33350 | 35. 19275 | 0. 0004 |
| 至少存在四个 | 27. 45789 | 20. 26184 | 0. 0043 |
| 至少存在五个 | 10. 58994 | 9. 164546 | 0. 0267 |

从表 6 - 15 的协整检验结果中可以看出，无论是迹统计量还是最大特征值统计量，都表明在 5% 的显著水平上该 6 个变量至少存在 5 个协整关系。

### 三 SVAR 模型估计结果与分析

既然变量间存在长期稳定的协整关系，接下来，我们便可以建立 SVAR

模型了。在输入长期约束变量 A，$A = \begin{bmatrix} 1 & 0 & 0 & 0 & NA & NA \\ 0 & 1 & 0 & NA & NA & 0 \\ 0 & 0 & 1 & 0 & NA & NA \\ 0 & 0 & NA & 1 & 0 & NA \\ 0 & NA & NA & NA & 1 & 0 \\ NA & NA & NA & NA & NA & 1 \end{bmatrix}$ 的

基础上建立 SVAR 模型，其中 NA 表示需要被估计的系数。

表 6 - 16 　　　　　　　　　　　　SVAR 估计结果

| 1 | 0 | 0 | 0 | C (10) | C (14) |
| --- | --- | --- | --- | --- | --- |
| 0 | 1 | 0 | C (7) | C (11) | 0 |
| 0 | 0 | 1 | 0 | C (12) | C (15) |
| 0 | 0 | C (4) | 1 | 0 | C (16) |
| 0 | C (2) | C (5) | C (8) | 1 | 0 |
| C (1) | C (3) | C (6) | C (9) | C (13) | 1 |
| 相关系数 | | 标准差 | t 统计量 | P 值 | |
| C (1) | | - 2. 303623 | 0. 007686 | - 299. 7108 | 0. 0000 |
| C (2) | | - 0. 248588 | 0. 021191 | - 11. 73068 | 0. 0000 |
| C (3) | | 0. 094475 | 0. 018603 | 5. 078614 | 0. 0000 |
| C (4) | | - 0. 636360 | 0. 174980 | - 3. 636750 | 0. 0003 |
| C (5) | | 0. 570686 | 0. 018056 | 31. 60578 | 0. 0000 |
| C (6) | | 1. 27296 | 0. 143416 | 8. 697023 | 0. 0000 |
| C (7) | | - 2. 543098 | 0. 345938 | - 7. 351307 | 0. 0000 |

续表

| | | | | |
|---|---|---|---|---|
| C（8） | 0. 608012 | 0. 085353 | 7. 123478 | 0. 0000 |
| C（9） | − 1. 051936 | 0. 036350 | − 28. 93892 | 0. 0000 |
| C（10） | − 0. 0051936 | 0. 324719 | − 0. 015836 | 0. 9874 |
| C（11） | − 1. 817720 | 0. 289346 | − 6. 242169 | 0. 0000 |
| C（12） | 0. 935006 | 0. 128922 | 7. 252496 | 0. 0000 |
| C（13） | 0. 520383 | 0. 748546 | 0. 695191 | 0. 4869 |
| C（14） | − 0. 417997 | 0. 077091 | − 5. 422087 | 0. 0000 |
| C（15） | 0. 043421 | 0. 036379 | 1. 193558 | 0. 2327 |
| C（16） | − 0. 046537 | 0. 215716 | − 0. 215734 | 0. 8292 |
| 似然对数值 | 62. 95298 | | | |
| LR 检验 | | | | |
| $X^2$（5） | 526. 0229 | | P 值 | 0. 0000 |

由表 6 – 16 可知，6 个变量的 SVAR 建模比较理想，10 个待估系数以及整个模型都很显著，从图 6 – 3 也可看出模型很稳定。

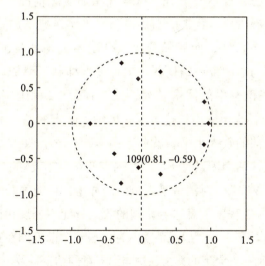

图 6 – 3　SVAR 模型的 AR 根

接下来，分析居民消费率对各影响因子的脉冲响应，如图 6 – 4 所示。

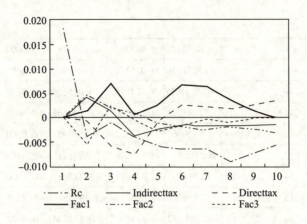

**图 6 - 4  居民消费率对间接税、直接税与三个因子的脉冲响应函数**

注：RC 表示居民消费率；Indirecttax 表示间接税；Directtax 表示直接税；Fac1 表示与政策环境有关的变量；Fac2 表示与收入有关的变量；Fac3 表示与价格水平有关的变量。

从图 6 - 4 可以看出，我国间接税占比对居民消费率的冲击在前三期为正，之后则一直为负，直接税对居民消费率的冲击在前五期为负，之后则为正，且不断上升。这与我国的实际情况也是相符合的，在刚开始的发展阶段，我国的间接税制度确实迅速增加了我国税收总量，促进了经济发展，而后随着收入分配不公与通货膨胀因素的出现，以间接税为主的税制结构在一定程度上抑制了消费。政策环境变量 Fac1 对居民消费率的冲击较大，且一直为正；跟收入有关的变量 Fac2 对消费的影响不突出，这可能是因为，收入变量中不仅含有可使消费性内需增加的收入水平与就业率因素，还含有收入差距与收入不确定性因素，这两个因素对于消费性内需的作用比较复杂，另外与收入相关的因素在第四期后对消费呈现负向的冲击，且随着时间失衡有扩大的趋势，这在一定程度上意味着我国的收入分配不公现状比较严峻；与价格有关的变量 Fac3 则对居民消费率冲击较小，前五期在正负冲击间波动，第五期后则一直为负的冲击，这与第五章的结论一致。

# 第三节 税系结构与消费关系的实证研究

第三章根据不同税种的主次搭配，将我国税制结构分为流转税、所得税、财产税与其他税四大税系。本节分析这四大税系分别与消费之间的关系。

**一 模型的设定**

本书以凯恩斯的消费模型作为分析税系结构与税种结构影响消费的基础，根据凯恩斯的消费模型理论设定消费函数为：

$$C_t = \alpha + \beta Y_t \tag{6.1}$$

其中，$C_t$ 是居民消费水平，$Y_t$ 是收入水平，$\alpha$ 与 $\beta$ 为参数。前文已经提过税制结构主要通过个人所得税、财产税直接影响居民的实际收入水平或者通过增值税、消费税等间接税影响商品的价格水平，进而影响消费，因此上述消费函数可修正为：

$$C_t = \alpha + \beta Y \, (T, \ X) \tag{6.2}$$

其中，$T$ 是税收因素，$X$ 是其他因素。在因子分析中，Fac2 代表与收入有关的变量，在模型中替换收入因素，并将其他的两个因子作为控制变量纳入模型可得：

$$C_t = \alpha + \gamma Fac1_t + \delta Fac2_t + \theta Fac3_t + \sum_{t=2}^{m} \varphi_i TS_{i,t} + \zeta_t \tag{6.3}$$

其中，$C$ 代表消费性内需，$TS$ 是税制结构因素，Fac1、Fac2、Fac3 指的是前文的三个因子，$t$ 代表时间，$\zeta$ 是白噪声误差项。

**二 指标的选择**

被解释变量：与前文一致，选择居民消费率 RC；解释变量：四大税系分别占税收总量的比重；控制变量选取因子分析法得出的三个因子，如表 6 – 17 所示。

以上数据的时间跨度为 1994—2014 年，变量的统计描述如表 6 – 18 所示。

表 6 – 17　　　　　　　　　　　模型变量的设定

| 类型 | 名称 | 符号 | 定义 |
|---|---|---|---|
| 被解释变量 | 居民消费率 | RC（Residents' Consumption） | 居民消费/GDP |
| 控制变量 | 与收入有关的因素 | Fac2（Factor1） | 含收入水平、收入分配、就业率、储蓄水平和收入不确定性变量，通过因子分析法得出 |
| | 与价格水平有关的因素 | Fac3（Factor2） | 含居民消费价格指数 CPI，通过因子分析法算出 |
| | 与政策环境有关的因素 | Fac1（Factor3） | 含政府干预变量、经济结构变量、经济开放度变量与金融发展变量，通过因子分析法得出 |
| 解释变量 | 流转税占比 | TT（Turnover Tax） | 流转税收入占总税收收入的比重 |
| | 所得税占比 | IT（Income Tax） | 所得税收入占总税收收入的比重 |
| | 财产税占比 | PT（Property Tax） | 财产税收入占总税收收入的比重 |
| | 其他税占比 | OT（Other Tax） | 其他税收入占总税收收入的比重 |

表 6 – 18　　　　　　　　　税系结构变量的统计性描述

| 变量 | 观察数 | 均值 | 最大值 | 最小值 | 标准差 |
|---|---|---|---|---|---|
| RC | 21 | 0.422297 | 0.526683 | 0.363768 | 0.046558 |
| Fac1 | 21 | 0.098592 | 0.176665 | -0.004654 | 0.050265 |
| Fac2 | 21 | 0.422351 | 0.485997 | 0.295048 | 0.046364 |
| Fac3 | 21 | 0.475066 | 0.633874 | 0.248456 | 0.091922 |
| TT | 21 | 0.621061 | 0.717707 | 0.506713 | 0.075191 |
| IT | 21 | 0.228730 | 0.293551 | 0.148543 | 0.052970 |
| PT | 21 | 0.048710 | 0.077856 | 0.016261 | 0.021706 |
| OT | 21 | 0.082728 | 0.121011 | 0.050864 | 0.020887 |

## 三　实证结果及分析

在进行建模前，需要对数据进行平稳性检验，由于居民消费率与三个因子数据已经在上一节进行过平稳性检验，四个变量均为 I（1）变量，因此，本节与下一节税种结构实证研究时不再重复检验。税系结构数据的平稳性检验结果如表 6 - 19 所示。

表 6 - 19　　　　　　　　税系结构数据的平稳性检验

| 变量 | 检测类型<br>（C，T，L） | t 统计值 | 临界值1% | 临界值5% | 临界值10% | 伴随概率 | 是否平稳 |
|---|---|---|---|---|---|---|---|
| TT | （C，1，4） | - 0. 196673 | - 3. 831511 | - 3. 029970 | - 2. 655194 | 0. 9236 | 否 |
| D（TT） | （C，1，4） | - 5. 144299 | - 3. 857386 | - 3. 040391 | - 2. 660551 | 0. 0007 | 是 |
| IT | （C，0，4） | - 1. 286401 | - 3. 808546 | - 3. 020686 | - 2. 650413 | 0. 6147 | 否 |
| D（IT） | （C，0，4） | - 3. 676484 | - 3. 831511 | - 3. 029970 | - 2. 655194 | 0. 0138 | 是 |
| PT | （C，1，4） | - 0. 845138 | - 3. 831511 | - 3. 029970 | - 2. 655194 | 0. 7827 | 否 |
| D（PT） | （C，0，4） | - 7. 146994 | - 3. 831511 | - 3. 029970 | - 2. 655194 | 0. 0000 | 是 |
| OT | （C，0，4） | - 0. 937945 | - 3. 808546 | - 3. 020686 | - 2. 650413 | 0. 7541 | 否 |
| D（OT） | （C，0，4） | - 4. 488029 | - 3. 831511 | - 3. 029970 | - 2. 655194 | 0. 0025 | 是 |

从表 6 - 19 可知，解释变量四大税系结构数据 TT、IT、PT、OT 也同样属于 I（1）变量，符合建模条件。本书基于误差修正模型估计各税系对消费的影响效果，回归结果如表 6 - 20 所示。

表 6 - 20　　　　　　　　税系结构与消费关系的模型回归结果

| 变量 | 模型 1 | 模型 2 | 模型 3 | 模型 4 | 模型 5 | 模型 6 |
|---|---|---|---|---|---|---|
| C | - 0. 008415<br>（ - 1. 706568） | - 0. 006787<br>（ - 1. 188857） | - 0. 013378<br>（ - 2. 273302） | - 0. 005612<br>（ - 1. 151875） | - 0. 009153<br>（ - 1. 784035） | - 0. 01668<br>（ - 3. 044803） |
| DFac1 | 0. 880496<br>（3. 098771） | 0. 800494<br>（2. 510549） | 1. 073058<br>（3. 512228） | 0. 864774<br>（3. 253754） | 0. 806860<br>（2. 618849） | 1. 035514<br>（3. 316739） |
| DFac2 | - 0. 181451<br>（ - 0. 806091） | - 0. 190839<br>（ - 0. 827883） | - 0. 083250<br>（ - 0. 365141） | - 0. 145398<br>（ - 0. 687763） | - 0. 098073<br>（ - 0. 378996） | 0. 269846<br>（1. 135660） |
| DFac3 | 0. 286668<br>（2. 793015） | 0. 268191<br>（2. 455957） | 0. 325024<br>（3. 164592） | 0. 281557<br>（2. 933088） | 0. 245816<br>（2. 049382） | 0. 246644<br>（2. 193302） |

续表

| 变量 | 模型1 | 模型2 | 模型3 | 模型4 | 模型5 | 模型6 |
|---|---|---|---|---|---|---|
| DTT | | 0.085025 | | | | 0.024454 |
| | | (0.606860) | | | | (0.095947) |
| DIT | | | 0.450620 | | | 0.905010 |
| | | | (1.436982) | | | (2.427971) |
| DPT | | | | −0.945124 | | −1.059159 |
| | | | | (−1.778694) | | (−1.102492) |
| DOT | | | | | 0.283893 | 0.736717 |
| | | | | | (0.693053) | (1.709849) |
| E(−1) | 0.053820 | 0.092000 | −0.067982 | 0.084821 | 0.026910 | −0.214914 |
| | (0.198095) | (0.323219) | (−0.246426) | (0.333177) | (0.096372) | (−0.920267) |
| 调整的 $R^2$ | 0.398943 | 0.414348 | 0.476200 | 0.509734 | 0.418880 | 0.734432 |
| F 统计量 | 2.489004 | 1.981000 | 2.545551 | 2.911186 | 2.018282 | 3.802589 |
| D.W. 值 | 1.785050 | 1.690217 | 1.669035 | 1.731230 | 1.903341 | 1.536921 |

从模型回归结果可看出，模型 2 至模型 6 的比拟合优度模型 1 有所上升，说明加入解释变量后的模型均较只有控制变量的模型更为有效，对居民消费率的解释力度大。另外，模型 1 至模型 6 的 D.W. 统计量都大于 1.5，说明模型不存在序列自相关。从模型 2 和模型 6 可以看出，流转税占比的系数为正，表明我国的流转税占税收比重的上升并没有导致消费的下降，但流转税对消费的正效应非常弱；从模型 3 和模型 6 可以看出，我国所得税占比系数为正数，且系数较大，说明所得税的上升能够有效提升我国居民消费在 GDP 中的比重；从模型 4 和模型 6 可看出，财产税占比系数为负数，说明我国财产税占比的提高不利于消费的增长，这可能与我国财产税占比低且设置不合理有关；从模型 5 和模型 7 可知其他税占比的系数为正数，说明其他税占比的提升将对消费造成消极影响。

## 第四节 税种结构与消费关系的实证研究

本节主要分析增值税、消费税、营业税、企业所得税与个人所得税与消费的关系。模型设置参照式（6.3）设置实证模型。

**一　指标的选择**

被解释变量：与前文一致，选择居民消费率 RC；解释变量：选择增值税、消费税、营业税、企业所得税与个人所得税分别占税收总量比重；控制变量选取因子分析法得出的三个因子，如表 6 - 21 所示。

**表 6 - 21　　　　　税种结构与消费关系模型变量的设定**

| 类型 | 名称 | 符号 | 定义 |
|------|------|------|------|
| 被解释变量 | 最终消费率 | RC（Residents' Consumption） | 居民消费/GDP |
| 控制变量 | 与收入有关的因素 | Fac2（Factor1） | 含收入水平、收入分配、就业率和收入不确定性变量，通过因子分析法得出 |
| | 与价格水平有关的因素 | Fac3（Factor2） | 含居民消费价格指数，通过因子分析法算出 |
| | 与政策环境有关的因素 | Fac1（Factor3） | 含政府干预变量、经济结构变量、经济开放度变量与金融发展变量，通过因子分析法得出 |
| 解释变量 | 增值税占比 | VT（Value - added Tax） | 增值税收入占总税收收入的比重 |
| | 消费税占比 | CT（Consumer Tax） | 消费税收入占总税收收入的比重 |
| | 营业税占比 | BT（Business Tax） | 营业税收入占总税收收入的比重 |
| | 企业所得税占比 | EIT（Enterprise Incme Tax） | 企业所得税收入占总税收收入的比重 |
| | 个人所得税占比 | IIT（Individual Income Tax） | 个人所得税收入占总税收收入的比重 |

以上数据的时间跨度为 1994—2014 年，变量的统计描述如表 6 - 22 所示。

表6-22　　　　　　　　　　税种结构变量的统计性描述

| 变量 | 观察数 | 均值 | 最大值 | 最小值 | 标准差 |
|---|---|---|---|---|---|
| RC | 21 | 0.422297 | 0.526683 | 0.363768 | 0.046558 |
| Fac1 | 21 | 0.098592 | 0.176665 | -0.004654 | 0.050265 |
| Fac2 | 21 | 0.422351 | 0.485997 | 0.295048 | 0.046364 |
| Fac3 | 21 | 0.475066 | 0.633874 | 0.248456 | 0.091922 |
| VT | 21 | 0.360477 | 0.461611 | 0.258907 | 0.063081 |
| CT | 21 | 0.072646 | 0.100270 | 0.047364 | 0.015188 |
| BT | 21 | 0.149623 | 0.173601 | 0.132679 | 0.009398 |
| EIT | 21 | 0.173490 | 0.224904 | 0.112142 | 0.038548 |
| IIT | 21 | 0.055240 | 0.072761 | 0.014174 | 0.018599 |

## 二　实证结果及分析

在建模前对税种结构数据进行平稳性检验，结果如表6-23所示，税种结构的五个变量 VT、CT、BT、EIT、IIT 在5%的置信度水平下都是 I(1) 变量，结合前文分析的 RC 与 Fac1、Fac2、Fac3 均为 I(1) 变量可知，税种结构变量也符合建模条件。

表6-23　　　　　　　　　　税种结构数据的平稳性检验

| 变量 | 检测类型 (C, T, L) | t 统计值 | 临界值1% | 临界值5% | 临界值10% | 伴随概率 | 是否平稳 |
|---|---|---|---|---|---|---|---|
| VT | (C, 2, 4) | 1.072200 | -3.857386 | -3.040391 | -2.660551 | 0.9954 | 否 |
| D(VT) | (C, 1, 4) | -5.476435 | -3.857386 | -3.040391 | -2.660551 | 0.0004 | 是 |
| CT | (C, 0, 4) | -2.091502 | -3.808546 | -3.020686 | -2.650413 | 0.2496 | 否 |
| D(CT) | (C, 0, 4) | -3.909201 | -3.831511 | -3.029970 | -2.655194 | 0.0085 | 是 |
| BT | (C, 0, 4) | -2.436789 | -4.498307 | -3.658446 | -3.268973 | 0.3518 | 否 |
| D(BT) | (0, 0, 4) | -3.041375 | -2.692358 | -1.960171 | -1.607051 | 0.0044 | 是 |
| EIT | (C, 0, 4) | -0.922270 | -3.808546 | -3.020686 | -2.650413 | 0.7593 | 否 |
| D(EIT) | (C, 1, 4) | -3.568281 | -3.857386 | -3.040391 | -2.660551 | 0.0179 | 是 |
| IIT | (C, 1, 4) | -2.159629 | -3.831511 | -3.029970 | -2.655194 | 0.2258 | 否 |
| D(IIT) | (0, 0, 4) | -2.425362 | -2.692358 | -1.960171 | -1.607051 | 0.0184 | 是 |

参照税系结构与消费关系的实证模型，本书在分析税种结构与消费的关系时同样采用误差修正模型。模型回归结果如表 6 – 24 所示。

表 6 – 24　　　　　　　税种结构与消费关系的模型回归结果

| 变量 | 模型（1） | 模型（2） | 模型（3） | 模型（4） | 模型（5） | 模型（6） | 模型（7） |
|---|---|---|---|---|---|---|---|
| C | −0.010732 | −0.008914 | −0.012207 | −0.011411 | −0.015042 | −0.010827 | −0.013790 |
| | （−2.346882） | （−1.871928） | （−2.680149） | （−2.589632） | （−3.032551） | （−2.225074） | （−3.359782） |
| DFac1 | 0.980479 | 0.878835 | 1.065473 | 1.038275 | 1.223219 | 0.974200 | 1.346926 |
| | （3.661212） | （3.166208） | （3.997988） | （3.999041） | （4.252577） | （3.398758） | （5.055527） |
| DFac2 | −0.414697 | −0.407502 | −0.341598 | −0.310353 | −0.301906 | −0.410836 | −0.176981 |
| | （−1.845411） | （−1.839811） | （−1.525443） | （−1.368613） | （−1.372519） | （−1.730290） | （−0.976739） |
| DFac3 | 0.336454 | 0.308114 | 0.342910 | 0.334466 | 0.393363 | 0.333475 | 0.422187 |
| | （3.419497） | （3.084989） | （3.596553） | （3.546896） | （4.025154） | （3.109946） | （4.727302） |
| DVT | | 0.127914 | | | | | 0.247656 |
| | | （1.179702） | | | | | （2.557609） |
| DCT | | | −0.685449 | | | | −0.132423 |
| | | | （−1.370594） | | | | （−0.269126） |
| DBT | | | | −0.974998 | | | −0.741124 |
| | | | | （−1.468473） | | | （−1.146302） |
| DEIT | | | | | 0.537853 | | 0.902223 |
| | | | | | （1.706954） | | （2.747534） |
| DIIT | | | | | | 0.087491 | 0.333513 |
| | | | | | | （0.093378） | （1.646226） |
| E（−1） | −0.674178 | −0.854893 | −0.876170 | −1.294944 | −0.733782 | −0.721993 | −0.906147 |
| | （−0.684679） | （−0.870408） | （−0.908592） | （−1.252421） | （−0.797605） | （−0.630376） | （−1.002454） |
| 调整的 $R^2$ | 0.586838 | 0.629775 | 0.642762 | 0.649774 | 0.667558 | 0.587138 | 0.859442 |
| F 统计量 | 4.616166 | 4.082543 | 4.318203 | 4.452720 | 4.819297 | 3.413082 | 5.435121 |
| D. W. 值 | 1.872621 | 1.508252 | 1.759548 | 2.155928 | 2.164245 | 1.874947 | 1.533812 |

从模型的回归结果看，加入税种的解释变量后，模型（2）至模型（7）的调整的 $R^2$ 比模型（1）要高，说明加入税种变量后，模型更具有解释效力。从模型（2）、模型（5）、模型（6）、模型（7）可以看出，增值税、企业所得税与个人所得税占比的系数均为正，证明我国增值税、企业所得税与个人所得税对消费有积极的作用，其中企业所得税占比的正向作用较大，增值税与个人所得税对消费的正向

作用较弱；模型（3）、模型（4）和模型（7）则证明消费税与营业税比重的上升会导致消费需求的下降。

本章基于降维的思想，利用 SPSS 将影响消费的三方面因素有收入有关的因素、价格方面因素、政策环境方面的因素降为影响消费的三因素：Fac1、Fac2、Fac3，并将这三个因素纳入税制结构与消费的模型中论证税制结构在多因素的制约作用下对中国消费的影响。另外，本章从间接税或直接税结构、税系结构和税种结构三个方面分别建立税制结构与消费的模型，经实证分析得出：长期来看，我国间接税占比对居民消费将产生负的效应，直接税占比的提升对扩大中国消费需求有正向作用；中国流转税占比、所得税占比以及其他税占比对居民消费率也有正的提升效应，但流转税效应微弱，财产税可能由于我国财产税设置不合理等问题对消费有负的效应；对五大主要税种分析时发现中国增值税、企业所得税与个人所得税能够扩大居民消费需求，而消费税与营业税占比则与居民消费率呈现负相关关系。

# 第七章 研究结论、税制结构调整思路与相关政策建议

本章在借鉴前人理论研究，结合我国现行税制结构与消费的实际情况，沿着税制结构通过影响收入分配与价格水平影响消费的研究路径对税制结构与消费的关系进行了深入探讨的基础上，得出相应结论以及提出扩大消费的税制结构调整路径和相关的政策建议。

## 第一节 研究结论

税制结构对消费的影响是通过两大传导变量来实现的：收入分配和价格水平。当税制结构的变动影响了收入分配和价格水平，这条链条就开始产生作用，从而影响到消费。具体而言，税制结构通过对具有不同累进程度的税种进行设计与搭配影响居民的收入分配，而收入分配又通过高、低收入人群消费倾向的不同影响一国的平均消费倾向，从而影响一国消费需求。税制结构利用不同税种搭配所形成的税制结构对价格水平产生的调节作用是因为以间接税为主体税种与以直接税为主体税种的税制结构对价格水平的影响差异较大，而价格水平又通过居民购买力、消费者预期和跨期消费对消费造成影响。

在居民收入分配方面，中国现行的税制结构拉大了居民收入分配差距，从而降低了居民的消费需求。通过协整回归模型证明中国间接税对居民收入差距存在正向调节作用，间接税作为自变量时，系数为0.072921，说明间接税的误差修正机制为正反馈机制，对基尼系数增加值有正向增加作用，导致基尼系数的上升；直接税对居民收入差距

存在反向作用，直接税的自变量系数为 - 0.092529，说明直接税对基尼系数有一定的降低作用。而通过基尼系数与消费需求之间的回归分析，又发现基尼系数与消费需求间呈现负相关关系，具体而言，基尼系数每上升 1 个百分点，居民最终消费率将下降 0.327415 个百分点，并且通过脉冲响应分析发现：居民收入差距变量基尼系数对最终消费率的脉冲在所有阶段的累积效应都是显著负向效应，而且随着时间的推移而逐渐增大，这说明收入差距扩大对消费需求的负面影响是较为明显的。税制结构加强了这种收入差距，从而限制了消费需求的增长。

在价格水平方面，我国现行的税制结构在一定程度上加重了 CPI 的上升趋势，从而影响了居民的即期和预期消费支出。通过 SVAR 模型与脉冲响应函数发现我国无论间接税还是直接税占比对价格水平的冲击强度都随时间呈现上升趋势，并且价格水平对税制结构的反应具有滞后性。而通过价格水平 CPI 与消费的相关性分析发现两者呈现高度相关的特征，CPI 与居民人均消费支出的阿尔蒙模型则证明即期物价水平的上升，会刺激城镇居民增加其消费支出，并且物价上涨对城镇居民消费支出的影响是有抑制性的，这种抑制性作用在滞后三期的物价上显现出来，也就是说，持续性的物价上涨将会对城镇居民消费的支出产生抑制性影响。

将因子分析法提取的多因素纳入考虑后，中国税制结构与消费的关系则更明朗。基于 SVAR 模型发现间接税或直接税中，中国间接税占总税收收入的比重对居民消费率的冲击在前三期为正，之后则一直为负，直接税对居民消费率的冲击在前五期为负，之后则为正，且不断上升。这与中国的实际情况也是相符合的，在刚开始的发展阶段，中国的间接税制度确实迅速增加了中国税收总量，促进了经济发展，而后随着收入分配不公与通货膨胀因素的出现，以间接税为主的税制结构在一定程度上抑制了消费。而税系结构中，流转税占比的系数为正，表明中国的流转税占税收比重的上升并没有导致消费的下降，但流转税对消费的正效应非常弱；中国所得税占比系数为正数，且系数较大，说明所得税的上升能够有效提升中国居民消费在 GDP 中的比

重；财产税占比系数为负数，说明中国财产税的设置不利于消费的增
长；其他税占比的系数为正数，说明其他税占比的提升将对消费造成
消极影响。在税种结构中，中国增值税、企业所得税与个人所得税能
够扩大居民消费需求，而消费税与营业税占比则与居民消费率呈现负
相关关系。

# 第二节　扩大消费的税制结构调整思路

**一　间接税或直接税结构调整思路**

在实现财政效率与公平方面，直接税与间接税有着相互补充且各
为所长的作用。间接税因其稳定性与及时性，在财政收入功能与资源
利用上优于直接税；而直接税因其富有弹性且累进程度高，在资源配
置效率与分配公平方面优于间接税；在税收征管方面，间接税与直接
税则都有各自的优缺点。间接税与直接税的这些不同的特点与作用是
两者共存的基础，根据最适课税理论，间接税与直接税对一国的税制
结构与经济发展都有存在的必要性。

根据税制变迁理论，税制结构无论是以间接税为主、以直接税为
主还是间接税与直接税并重，两者之间具体占总税收多少比重这些并
不是固定不变的，而是随着一国经济发展水平的变化以及政府制定的
不同政策目标而调整、变迁的。我国目前促进经济发展、转变发展方
式、提高人们生活水平的重点在于消费需求，特别是有效的居民消费
需求。前文的理论与实证研究已论证，中国的税制结构与消费需求不
振之间存在一定的联系。中国近70%的税收收入来自间接税收入，这
一间接税或直接税结构比例在一定程度上不利于促进消费，扩大内
需。现阶段中国需要大力刺激消费、促进内需增长，基于以上目标设
定，我们可大致估计出使中国消费增长率最大化的最优税收结构。

假设消费需求增长是税收的凸函数，建立模型：

$$cd = c + \alpha \ln(it) + \beta_{it} \tag{7.1}$$

其中，$cd$（consumption demand）表示消费需求增长率，$it$（indirect tax）表示

间接税占总税收的比重，$c$ 为常数。$cd$ 有最大值的条件是：消费需求关于间接税占比的二阶导数大于零，即 $-\alpha/it^2$ 应该大于 0，也即 $\alpha < 0$；使消费需求增长率最大化的间接税由下式决定：$\alpha/it + \beta = 0$，即最优的间接税规模 $it^* = -\alpha/\beta$。

根据 1994—2014 年中国消费需求、间接税占税收收入的比重数据，用式（7.1）对数据进行 OLS 回归，回归结果如表 7-1 所示，可见系数具有预期的符号，$-4.035836$，$\beta = 6.360474$，由此可以计算使消费性内需增长率最大的间接税占比为 $it^* = 63.45\%$。而根据第三章有关中国目前间接税或直接税现状的分析可知，中国 1994—2014 年间，平均间接税占比高达 71.02%。

表 7-1　　　　　　　消费性内需增长与间接税占比的 OLS 估计

| 变量 | 相关系数 | 标值差 | t 统计量 |
| --- | --- | --- | --- |
| C | -5.757728 | 4.822798 | -1.193856 |
| lnIT | -4.035836 | 3.377498 | -1.194919 |
| IT | 6.360474 | 5.149063 | 1.235268 |

但是，中国近几年间接税比重有所下降，2014 年间接税占总税收比重为 64.02%。这意味着目前中国的间接税或直接税渐趋合理。因此，中国间接税或直接税结构的调整思路并不是大刀阔斧地降低间接税比重，提升直接税比重，而是根据经济形势与政策目标实现间接税与直接税的均衡配比，并且从间接税与直接税内部结构进行调整：调整间接税的思路在于使间接税具有更多的调节功能，促进我国转变经济发展方式；而调整直接税的主要目标是逐步增加直接税占总税收收入的比重，使直接税更规范、更优化。

**二　税系结构调整思路**

经济趋于一体化的世界经济格局特征体现在税制结构中就是各国无论是发达国家还是发展中国家之间都在逐渐缩小在税制结构上的差异，大部分国家均以两个或三个税系为一国的税制结构主体税系。我国在这一方面区别于其他国家，流转税始终占据税收种类的主体，即使在我国始终推行流转税和所得税为主的税系体制的情况下，所得税始终受到压制，在总税费中比例低，调节功能得不到有效发挥，严重影响国内经济，尤其是内需和居民消费。为了顺应经济建设的需要，我国的税收制度也在不断改革，其中1994年的分税制改革是力度最大的，自此基本建立了与社会主义市场经济大致相适应的税制框架，但税制结构的问题并没有得到根本上的解决，所得税比重仍旧偏低，与世界主流税系体制偏差越来越大。因此，结合中国的实际情况，中国税系结构调整的思路是通过建立适应中国国情和市场经济发展需要的"双主体"税系结构以改变目前流转税"单一主体"的现状，与世界税系结构的发展相适应。而建立流转税、所得税"双主体"的税制结构的重点在于建立相对中性的流转税系和收入功能强大的所得税系，适当提升所得税系的比重。

2011年根据各国税收的实际缴纳情况，美国《福布斯》杂志公布世界各国税负痛苦指数的排序，结果显示中国内地在这一指数上排名世界第二，这从客观的统计角度说明中国居民的税负较重，且这一结果得到很多被调查人群的认同。但是，很多学者计算的中国税负水平并不高，这个原因的出现，值得认真研究。由于中国现阶段流转税比重很高，而流转税在本质上是一种间接税，它在某种程度上会掩盖一些真实的税负情况。此外，根据恩格尔系数理论，低收入家庭会花费更多的金钱去购买食物和生活必需品，因此而承担更多的流转税税负。而家庭收入较高的群体基本消费品花费较少，恩格尔系数低。从这两个角度解释，我们就可以理解税负问题在中国公民身上的体验差异。另外，相较于流转税，所得税与财产税的累退性低，而且也更能对收入分配进行调节，会在一定程度上改善这种状态，促进居民消费。

流转税保持合理、中性才能改善目前税制结构不合理的现状，需要达到以下目标：体现税收中性的特征，不左右缴纳者的选择；增强灵活性同时促进税收收入的组织，适时调整政策以满足财政收入需要；精简流程易化操作，缩减运行成本；坚持国际适用性法则和税收目的地原则。近年来，由于加强了所得税的征管力度，中国所得税快速增加，但是，目前中国所得税纳税规模有限，还不具备综合征收条件，之前预想的通过所得税制度对不同层次的收入进行有效调节的想法还不能得到有效落实。因此在所得税方面，应将调整重点放在如何建立收入功能强大的所得税方面。

### 三 税种结构调整思路

根据第六章税种结构与消费关系的实证结果可知，消费税、营业税对消费的作用均为负，且营业税与消费税的负向冲击系数较大，营业税占比系数为 -0.974998，消费税占比系数为 -0.685449。而增值税虽然占比系数为正，但正向作用非常微弱，为 0.127914。企业所得税与个人所得税比重系数均为正数，企业所得税为 0.537853，个人所得税为 0.087491，可见个人所得税对消费的正向影响非常微弱。因此，税种结构调整的思路是：重视各主要税种之间的协调，重点调整消费税、营业税与个人所得税。

具体思路是：首先，对同样性质的税种进行合并，以避免重复征税带来的资源浪费，例如之前相对独立的营业税目前已被纳入增值税的范畴。其次，对居民消费类税种进行税率降低，从而通过税种制度控制经济流动方向，在改革和优化消费税的基础上，尽量提高消费税在整个税种体系中的占比，并对不同层次的消费征收差异化的税额，以实现其对高收入者消费的调节；完善针对个人所得税的征税机制，适当提高其占比，除调节贫富差距外，个人所得税的累进性质有利于其发挥税收"自动稳定器"的功能；适当降低企业所得税比重，特别是中小企业所得税税负。除此之外，应大力促进社会保障税征收机制的建立，机制建立的过程中，需要有效协调权利同义务之间的匹配关系。

# 第三节　相关政策建议

### 一 构建合理的间接税与直接税内部结构

最适课税理论与税制变迁理论认为，政府的政策目标、经济发展水平决定了一国税制结构状态并且直接引导了一国税制结构的变迁方向。对一个国家的政府而言，为政府运营、国家财政提供资金保障以及通过征税调整居民收入关系，从而促进社会和谐是一国征税的两大目的。整体而言，税制结构模式的构建本质上还是服务于政府在某一特定时期内的经济调整政策，这些政策会随着社会的变迁以及人们经济关系的转变而发生变化。从税种的性质而言主要可以划分为两种：一种是直接税；另一种是间接税。两个税种拥有各自的不同的功能，一般而言，直接税更能体现社会公平，而间接税更注重税收的经济效率。实际上，公平和效率往往很难兼顾，但是这并不意味着政府在制定税制结构时要一味地追求公平，或者一味地追求效率，两者需要根据现实的经济环境进行平衡。社会处于不断的发展之中，政府所面临的经济环境也在不断变迁，改革开放30多年来，我国政府更注重经济发展的效率，间接税在这些年来成为我国税制结构的轴心。但是随着中国经济的快速发展，贫富差距问题日益显著，人们对税收公平的需求已经成为建设和谐社会的一个重要方面。对此，中国政府在进行税制改革时开始增加直接税的征税比例，同时将税收效率控制在一个合理的水平之上。世界税制改革的发展历程也告诉我们，对以所得税为主要代表的直接税进行征税管理和创新是未来税制模式改革的主要方向。

通过本书第六章基于因子分析的实证结果可知，目前中国的间接税或直接税结构在一定程度上限制了消费的增长，但根据近年来间接税或直接税比例变化情况，目前并不需要对间接税/直接税比例进行大的调整。因此，本书对间接税与直接税调整的建议是：首先，在我国目前的经济环境和控制政策背景下，经济效率依然是税收制度的轴心，也就是说，在公平和效率之间，依然优先体现效率，与此相对应的，间接税接下来几年依然是征税的主要对象。其次，在保持一定效率水平的前提下，应对直接税和间接税的税制结构比例进行调整，调整的过程并不是一个简单的此消彼长的过程，而是通过增量以及对税收资源的一种重新配置来实现，配置方案应同现实的经济走势和居民需求相匹配，尤其要注重如何通过改善现有税制结构从而促进居民消费，从而实现我国经济发展模式的有序转变。实际上，间接税/直接税结构的调整更多的是一种间接税与直接税内部的结构调整，通过两者内部的变化、优化逐渐体现在外在的间接税/直接税结构的变化与优化。单纯地降低间接税比重，提升直接税比重而不进行两者间内部的优化是没有任何意义的，对消费与经济发展的影响并没有任何实际性的影响与改善。优化进程还是要通过对间接税与直接税各自内部的构造进行改善、优化而逐步展开。

### 二 优化税系收入结构，构建"双主体"税制结构

我国政府最初提出税制改革是在 1984 年，当时国内正处于改革开放之后促进生产性经济发展的关键时期，税收制度的建立主要是为了促进生产效率的提高，对区域性经济建设成果也非常重视。在当时的税制结构中，虽然确立了流转税和所得税的双重征税模式，但是为了顾及经济发展的效率和速度，对所得税的征收规模很小，而流转税的征税比例特别高，甚至占整体税收的75%左右。需要说明的是，这种征税结构在当时具有一定的合理性，因为20世纪90年代的中国经济发展还比较落后，人们的收入普遍很低，如果强调征收所得税，那么很可能无法保障政府运营与财政建设的资金需求。但是，随着近30年来我国经济的飞速发展，原有的税制合理性开始受到挑战，并逐渐呈现出诸多的问题，尤其是同现实的市场经济需求不匹配。流转税比重过高，税收对市场价格机制的干预过强，生产者与消费者在市场中的行为更容易因价格而受到扭曲，从而影响商品的流通。并且，过度依靠间接税的政府财政更容易面临较大的风险。另外，一个不可回避的社会问题是，我国的贫富差距正在不断拉大，当前累进程度低的流转税税制并不能有效体现其应有的收入分配调节功能。而过低的直接税比重，降低了整个税制的累进性，不仅妨碍缩小收入分配差距，而且不足以调节宏观经济波动的"反周期"行为，从而限制其调节收入分配差距以及减少市场失灵作用的发挥。

构建收入结构平衡、功能协调的流转税与所得税是优化税系收入结构、构建"双主体"税制结构的根本。具体来讲，流转税方面，应继续发挥其筹集收入的优点，通过税种合并、税率统一等手段避免重

复征税问题，降低流转税对价格以及资源配置的扭曲，增强流转税的税收中性；所得税方面，所得税的征收应符合现实的收入层级情况，并根据不同层级的收入水平和特点制定差异化的税率，量能征收，并增强所得税的累进程度以更好地发挥其调节收入分配的功能。

税系结构的调整是一个动态的调整过程，两个税系应彼此协调、相互促进，并在功能上实现互补。中国现行流转税和所得税各自都存在一定的弊端，所以应从局部到整体进行多维度的结构完善，逐步形成流转税、所得税在结构上协调、在功能上互补的双元税制结构。

### 三　优化税种设计

#### （一）深化个人所得税改革，发挥其有效调节贫富差距的作用

在中国，不同层次的人群在收入水平上差距很大，同时他们也拥有不同的消费习惯和消费内容。我国于 2011 年实施了新的个人所得税征收条例，主要内容是将起征点由 2000 元提高到 3500 元。这个调整有利于提高低收入人群的可支配收入，减轻税负，提高低收入人群的消费能力。即便如此，我国现有的个人所得税改革在体系和内容构成上还非常单薄，主要改革内容仍集中在对起征点和级次的调整上，而征收方式该如何优化却很少涉及，更多地与国际接轨并符合我国实际的科学合理的征收方案还有待开发。

首先，实行分类与综合征收相结合的个人所得税征收方式。需要说明的是，不同的征收方式拥有不同的税收功能，没有哪一种方式一定优于另一种方式，方式之间的相互嵌入需要基于现实的税收环境而设计。就我国目前的税收体系而言，分类征收是比较普遍的，这种模式的核心在于对不同性质的收入进行分类，然后区别性地进行征收。根据现行的税收管理条例，分类征收的对象一共有 11 个项目。这种征收方法在经济发展的早期是比较适用的，因为当时人们的工作单位和工作内容普遍比较固定，采用分类征收可以提高税收工作的效率。然而，随着社会的发展，特别是业务多元化的发展，人们的日常收入开始源于更多的商业渠道或业务渠道，一般来说，收入渠道更多的人，其收入总额也要更高，而在分类征收的税制下，这部分人群所缴纳的所得税在比例上却可能要低于某些单一收入的人群，这显然是不

合理的。综合征收模式实际上是一种以家庭为单元的整体征收制度，这种征税制度的纳税时间单元为年，而不是分类征收的时间单元月。并且综合征收模式通过前一年的实际申报情况对下一年应交的所得数额进行估计，采取预交的形式进行缴纳，年终时，根据实际收入情况与预交情况对比，多退少补。综合征收模式根据家庭总收入将不同家庭的实际情况纳入考察范围，从而避免了在分类征收的情况下，收入总额低的家庭却需缴纳更多的所得税情况。并且综合征收模式会根据不同的家庭情况，有不同的费用扣除项目与标准。实行分类与综合征收相结合的个人所得税征收方式是一种兼容式的税收模式，它包含税额征收的两个阶段，第一个阶段即在平时按照分类征收的方法进行处理，第二个阶段发生在年度终了时期，具体操作是按照累进税率将本年度所有的所得进行加总计算所得税，然后将平时的分类征收税额从综合所得税中扣除。

其次，应根据现实情况灵活性地进行所得税费用扣除。值得说明的一个误区是，近年来，有很多舆论认为，个人所得税的改革最主要的一个方面就是提高免征额，这种方法看似能够直观地减少纳税人的个人所得税应缴数额，但是，从征税的整体结构来讲，免征额的提高在提高居民可支配收入方面所能起到的作用非常有限，或者说只能起到最基本的功能，而且就收入调节方面来讲，高收入人群所享受的征税优惠远远要高于低收入人群，这样便失去了收入调节的意义。实际上，这种误区的形成主要是很多人静态地看待个人所得税的征收问题，而未从不同层级的收入视角综合性地考虑税收制度对人们的收入和日常生活带来的影响。为了更好地优化现有征税制度，应将关注点逐渐从提高免征额转移到税率的改变上来。实际上，在税率不变而起征点提高的情况下，所得税的比例会下降，而商品税的比例会由此上升。居民收入，特别是低收入人群的收入，最终还是会被用于商品及服务消费上，从而承担更多的间接税税负。个人所得税的扣除虽然在既定时期拥有既定的扣除标准，但这种标准应根据个人所处的实际生活环境和收入环境进行动态调整，以确保居民日常生活的消费水平不被影响。

最后，重视税率结构的设置，针对不同收入水平的群体，制定差异化的税率水平，使低收入居民的边际税率得以降低。随着城镇化建设不断取得新的突破和进展，城镇居民的收入水平也在不断增长之中，且财产性收入成为城镇居民新的收入增长点，此时，不同的收入群体开始分化，为了更好地协调高收入人群和低收入人群之间的社会关系，可以适当提高财产性收入所得税率，这样可以在不影响工薪阶层所得税负的前提下调节收入分配。

（二）改进消费税，增强对高消费行为的调节力度

消费税因其对不同的产品设置不同的税率而具有多样性的调节功能：一方面，它能够增加政府的财政收入；另一方面，可以有效引导人们的消费方向，例如保护环境，抑制奢侈品消费，减少负外部性产品消费等。但从上一章税种结构与消费关系的实证分析中，可知将多种影响消费的因素纳入消费模型后，消费税对消费需求的回归系数为负，消费税的上升会导致消费需求的下降。基于以上实证结果，并考虑我国目前消费税实际存在的问题，本书提出以下消费税的优化建议。

首先，调整消费税征收对象，扩大征收范围。在过去，消费税只适用于某些特定的高额消费领域，如游艇、珠宝、高档手表等，这些产品的造价普遍都非常昂贵，一般是传统概念上的奢侈品。随着社会经济的发展，物质生活的发展，各种新型奢侈品和消费行为层出不穷，从交易价格的角度看，它们并不比传统奢侈品便宜，但在现行的征税体系下很多奢侈品与高消费行为未被纳入消费税征收的范畴之内。对此，应从商品交易价格本身入手，扩大消费税的征收范围，将高档别墅、高档家具、高档服饰、高档滋补品等纳入课税目录；对一些高级消费行为如涉及高级会所、俱乐部、高档 VIP、娱乐、高档餐饮等纳入消费税征收目录，这样可以强化消费税对贫富差距的调节效用。

其次，调节相关税目的税率水平。上文提到扩大消费税的征收范畴，此时还会涉及一个问题，那就是很多商品品类存在不同的价位档次，最为典型的就是化妆品和烟酒，不同档次的烟酒和化妆品在市场

价格上差距非常大。此时，在制定税率水平时，应根据现实的产品交易特点以及消费行为特征制订精细化的税率水平方案。如针对高档化妆品、高档烟酒和高档摩托车征收较高的消费税，而对一些居民日常消费和使用的普通化妆品和摩托车征收较低的消费税，对金银首饰、珠宝玉石等高档消费品征收相对高的税率水平等。具体的税率设计可以参考表7-2。

表7-2 分税目消费税公平性①

| 消费课税对象 | 公平度 | 消费课税对象 | 公平度 |
|---|---|---|---|
| 烟 | + + | 摩托车 | + |
| 酒及酒精 | + | 小汽车 | + + + |
| 化妆品 | + | 高尔夫球及球具 | + + |
| 贵重首饰及珠宝玉石 | + + | 高档手表 | + + |
| 鞭炮烟火 | + | 游艇 | + + |
| 成品油 | | 木制一次性筷子 | + |
| 汽车轮胎 | + | 实木地板 | + |

注：+、+ +、+ + +分别表示消费税税收设计从低到高的三级公平度。

实际上，消费税的应用存在一个重要的环境基础，那就是贫富差距的具体表现及其表现程度，任何脱离贫富水平的调节而孤立存在的消费税制度在某种程度上都是不合理的。此外，消费税对消费行为的引导效应也是其关键功能属性之一。

（三）全面推行"营改增"，减少重复增税问题

在第三章我国税制结构现状的描述中，就流转税与所得税两个税系的比例而言，流转税依然在我国的税收体系中占据主要位置，这主要是为了确保经济发展的效率而实施的。但是随着经济环境和市场环境的改变，目前的流转税比例对我国经济的进一步发展在某种程度上起到了抑制作用。这种税制结构的缺陷主要源于两个方面：第一，

---

① ［加拿大］沙安文：《中国公共财政检测报告（2012）》，经济科学出版社2012年版，第144页。

2009 年以前，中国实行的是"生产型"增值税，"生产型"增值税的征收由于不能抵扣固定资产所含进项税而呈现出显著的累积性和重复性，这增加了生产型企业的税收压力，不利于增长其投资，且拉高了增值税的实际税负；第二，就一般性劳务收入而言，我国之前主要采用全额征收营业税的方法，在该模式下，服务业的纳税负担普遍较重，近年来，随着服务业对国民经济的影响力越来越大，营业税征税制度的缺陷也由此被放大。

在全国范围实施"消费型"增值税的大环境下，本书建议对增值税和营业税进行两税合并，彻底实施"营改增"，对所有货币和劳务统一征收更加规范的增值税。这是因为，两税并存给经济社会带来的弊端将随着经济的快速发展更加严重，具体而言：第一，不利于征税公平。现行的增值税与营业税并存的税收制度存在一个很重要的问题就是重复征收，增值税与营业税两者在征收对象上存在一定的交叉，而且由于它们分别由不同的征收单位所负责，从而导致交叉产生的矛盾往往难以得到有效处理。第二，对服务业形成的抑制。在服务业的征税问题上，目前主要是按营业额全额征税，这实际上是不合理的，因为服务业从业务性质上而言就是一种伴随着商品交易行为的辅助活动，它的目的在于提高商品交易的效率和附加值。在现行的征税模式下，服务业税收负担过程，不利于其快速增长和资本筹集。更为重要的是，现在的经济市场开始出现一个矛盾，那就是服务业的重要性越来越被凸显，而其对国民经济的贡献却未得到具体呈现，其中一个主要的原因就是税收制度对服务业形成的发展遏制。第三，不利于中国产品参与国际竞争。在国际贸易和国际化竞争的市场环境下，营业税和增值税的并存所形成的重复征税一开始就对中国的产品出口实行零税率起到了限制的作用。据统计，目前全球有 153 个国家和地区已经开始全面征收增值税并取得了非常可观的税收效果，中国将营业税与增值税统一合并成增值税有利于与经济全球化相适应，促进出口。

第六章中税种结构的变动对消费增长影响的实证分析为两税合并提供了实践依据，而上述两税并存现象所引发的各种问题则为两税合并提供了契机，与增值税相比，营业税对中国扩大消费的负面作用更大，为了更好地促进消费增长和我国对外出口的发展，有必要对两税进行合并，同时对征税内容进行重新规划，有效平衡国家税收和消费之间的关系。

（四）简化增值税的征纳管理，提高增值税运行效率

"好的增值税应该尽可能广泛地对所有最终使消费者受益或被消费者使用的货物或服务征税。"（Sijbren Cnossen，1998）这句话除意味着应扩大增值税征税范围外，还体现了一个观点，那就是增值税的效用旨在提高最终消费者的效益，而不是中间环节的效益。也就是说，在征收增值税的过程中，不提倡对中间环节进行免税或扣除处理，因为就税金流动的本质而言，中间环节的扣除意味着最终消费环节的税基增大，从而导致消费者所缴纳的增值税也因此增加，实际上不利于消费者扩大消费。

调整增值税的抵扣措施，实行增值税的全面直接扣除。征税体系一方面要提倡全环节征收，另一方面也要落实全环节抵扣。具体来讲，税务系统应放宽甚至取消各种抵扣限制，尤其是对一些生产型企业而言，放宽抵扣限制使它们可以更好地利用企业的固定资产进行征税抵扣，从而减少流动性的税收负担，为投资结构的优化和可持续发展提供更好的空间。此外，征收和抵扣的双重控制能使税金比例最大化地接近增值税税率，从而说明通过征税环节并未造成过多的资源浪费。最后，国家在税收层面应同等对待国内商品和国外商品，从而为我国本土企业营造良好的竞争环境，并完善出口退税制度，除国家明确不鼓励出口及高能耗、高污染的产品外，应对所有货物和劳务实行彻底退税制度，从而更好地增强本土企业的竞争力。

统一增值税的税率为17%。取消针对小规模纳税人和不易征收纳税人的简易征收法，统一按17%的税率实行发票抵扣的方法。实际上，无论是采取多税率征收还是单一税率征收，最终对商品市场和消费者财政权益的影响都是比较一致的。但是，相对于统一税率而言，以多税率征收增加了征管成本，从而一定程度上造成了消费者和企业税收负担的加重。

对免税机制进行调整。在对待免税的问题上，税务系统必须明确

一点，那就是免税的目的和免税的结果。另外也需要说明的是，任何征税环节都是需要成本的，当免税所带来的效益甚至不能抵消成本消耗，或者说效益在成本运营的过程中发生消逝时，那么这种免税就是无意义的。对此，税务部门应对免税机制进行调整，精简免税项目，减少减税环节，用适当起征点的方式将不易征收与管理的小规模经营者排除在征税范围外，从而取代只适用于小规模经营者的税收优惠。

（五）完善财产税，提高居民消费倾向

同国外比起来，我国对财产税的关注和征税力度相对偏弱，这主要和我国的社会环境和经济发展特点有关，尤其在经济建设的早期，对财产税的征收基本很难被社会大众所接受，政府在这一环节上也没有施加太多压力。但是，随着近年来我国市场经济的发展以及人们财产水平的普遍提高，适当征收财产税有利于增加收入持有成本，从而促进居民消费。但是，需要说明的是，就目前而言，大规模的征收财产税也不实际，它需要一个渐进的过程，而这个过程既包括制度方面的完善，也包括人们消费习惯的转变。完善财产税主要从两个方面开展：一是房产税；二是遗产税与赠与税。

1. 全面推行房产税，发挥其对财产占有贫富差距的调节作用

近年来我国房地产行业的发展虽然存在一定的波动性，但在整体上依然向业态繁荣的方向进行发展，政府在推行房产税的过程中，应本着促进民生、维护社会和谐的目的对住房及缴税行为进行宏观管理和控制。现阶段征收房地产税的主要目的依然是调节贫富差距，并促进住房资源的合理化配置。需要说明的是，房产税作为税负的一种形态，它的调节功能依赖于一些具体的现实条件而实现，主要包括以下两个方面：第一，在征收房产税后，应对其进行有效利用，而利用途径主要是增强对保障房的建设；第二，不同地区的房地产业拥有不同的市场供需情况，房产税的征收也需要根据当地经济发展情况进行差异化的制度设计。

实际上，我国政府对于房地产行业及房产税的实施给予了很大的关注，并伴随着很多资源投入，这些资源投入主要应用于个别城市的政策试点，通过试点及时发现现有政策可能存在的某些关键问题，再

就这些问题进行深入解析的基础上提供行之有效的解决方案。本书认为，房产税的优化主要应该从以下几个方面进行展开：第一，对房产税的功能价值进行准确定位。它的功能主要体现在促进房产资源的合理化配置和为地方政府提供稳定的税收来源两个方面。第二，在扩大房产税征收范围的基础上，加大对自用房的征税保护。近年来，我国房地产业出现了一种不良的风气，就是投机炒房的现象非常严重，在经济利益的驱使下，很多富人通过各种手段不正常地拥有多套房源，而这些房源作为一种投机性资产并未起到供居民居住的功能性作用，而呈现出很多人挤着买房，但房产却处于闲置的状况。对此，政府应针对"投资房""投机房"征收较高的房产税，而对于一般性居民自住房少征税或免征税，从而起到真正的财富调节作用。第三，通过制定差异化的税率合理控制户型的流动性选择。在我国，由于很多地区房源紧张，政府鼓励公民购置简易小户型住房，为了更好地促进该项建设的落实，可以针对大户型和优质片区户型征收较高的房产税，而对小户型、一般地段户型征收较低的房产税，从而有效调节不同收入群体的现实税负差异。

2. 积极开征遗产税与赠与税，减缓代际财富转移

中国对于财产的观念是比较保守的，相对于即期消费，人们更倾向于财产储蓄，并计划在未来将财产转移给子女。这种观念在某种程度上抑制了当期的消费扩展。为了改变这种现状，我国应尝试开征遗产税和赠与税，通过增加财产转移和赠与的成本促进即期消费。同时，需要说明的是，很多人群并不会单纯因为财产转移成本的增加而转向消费行为本身，所以此时消费类的增值税优惠应协同遗产税成本的提高共同促进人们由储蓄到消费的转变。此外，政府在征收财产税时，应注重收入水平的合理化调节以及收入资源的纵向转移，对遗产税和赠与税征收机制的评估也应力求科学化。实际上，财产税最根本的目的不在于对富人进行征税，而是变相鼓励其进行有效消费，从而减少财产储蓄所带来的资源闲置。

首先，对遗产税的政策功用进行准确定位。贫富差距问题已经是当下影响社会和谐的一个重要问题，它的本质是社会资源的不合理化

配置，具体表现为大多数的社会资产被少数人所占有，而少数人在占有这些资源的情况下，并未通过创造新的价值回馈社会和其他社会大众，从而导致两者之间的收入差距越来越大，资产从社会角度而言的可增值空间同时在不断被压缩。遗产税作为一种财产税，主要是为了调节先天性的贫富差距，它是个人所得税、房产税等税种的一个补充，征收范围"宜窄不宜宽"。其次，在引进国际操作经验的基础上，结合本国实际制定科学的税率水平。税率是税种的生命线，只有科学的税率才能在最合适的水平上带来最大的政策效用价值。遗产税的税率制定需要积极引进国外的操作经验，并以我国个人所得税税率运作为参考，通过科学计算确立最为适当的税率水平指数。最后，促进赠与税与遗产税的并行。为了确保遗产税的征收不存在制度上的漏洞，应促进赠与税的制定，并确保其同遗产税并行实施。这样做的主要目的是为了塑造政策的完备性，并兼顾公平和效率的原则。实际上，就具体的操作层面而言，征收这两个税种最为困难的地方在于提出科学的财产价值评估体系以及信息登记的真实性评价体系。

（六）开征社会保障税，提高居民消费信心

根据生命周期消费理论的相关观点，消费者的当期消费主要受到两个因素的影响：一个是当期收入水平，另一个是可预期的未来收入水平。其中可预期的未来收入水平又受到保障性制度的影响。从理性人的角度来讲，人们选择当期消费主要是认为在一定的环境背景下，未来的可预期收入要大于可预期成本，这种心理判断会增强消费者的当期消费信心。而社会保障税所提供的正是一种可预期的稳定的收入环境，它会对消费信心形成直接的正向促进作用。

相对于消费，中国居民更倾向于储蓄的原因是多方面的。第一，中国的房价问题一直是一个重要的民生热点问题，而且这个问题在可预期的未来不会得到有效控制，再加上教育成本偏高、医疗体系还存在各种制度性缺陷等问题，使居民在消费行为上首先就会存在很多无形的负担。第二，中国的老年化问题日益凸显，对城市区域之外的其他地区而言，社会保障体系还不完善，社会保障资源分布也还很不均衡。尤其是在农村，优质的社会保障资源目前还未真正惠及农村地区。考虑到对老龄人员的赡养以及对子女的抚养，中国居民普遍在消费环节上更为节俭。

社会保障与经济密切相关，对社保产生的税费进行征收有利于减少我国社会保障资金承担的巨大压力，同时推动我国社会保障体系稳定发展。实行社会保障税征收政策有诸多优点，如税收的无偿性和强制性等特征可以长期保障社保税的缴纳。另外，通过制定统一标准的社保税税率有利于消除职业环境、收入水平等因素对社保水平带来的影响。就税种的本质而言，社保税旨在无差异地维护一般居民最基本的社会权益，这种权益指向社保资源的均衡化分布，它本质上体现为社会公平，这种公平塑造了居民最基本的生活保障环境，而这种环境又会直接影响人们的消费心理和消费习惯。

此外，在推进社会保障税惠及全民的过程中，农民应得到更多的关注。中国农村已经不再是几十年前的农村，随着外出务工人员的增多以及区域性农产业的发展，更多的经济资源开始流入农村地区，可以说，当下农村居民已经具备了一般性的消费能力，从整个市场的角度来看，农村市场也蕴含了极大的消费潜力有待市场挖掘。与此同时，农村的社会保障水平普遍较低，相比于过去，在一定的生活条件标准下，城乡差距在制度层面上的表现要比经济层面的表现显著得多，城乡社会保障水平的差距就是其中非常关键的一个层面。对此，相关政府可以通过创新农村社会保障税征收方式以及带动当地产业发展等手段增强农村社保基础，并建立完善的社会保障税制度以提高未来收入预期，从而扩大消费。

## 四 加强税收征管

为了更好地促进税收工作效率，强化税收征管是其中不可缺少的一个环节。李建军（2013）的实证研究表明，在现行的税收体系和运作条件下，税收征管效率每提高1%将会带来税收总收入增长3%左右，这一数值所显示的相关关系是非常显著的。[①] 实际上，税收征管

---

① 李建军：《税收征管是税收收入高速增长的原因吗》，《税务与经济》2013年第2期。

的优化是一个涉及制度优化、程序优化和操作优化的多维过程，优化目的主要是提高征收效率并调节收入差距，优化的主要环节有税源监控、税款征收以及税务稽查和处罚等。

在整个税收征管体系中，税源监控是其中极其关键的一个构成部分。相对于其他环节，它能从起点对征税对象以及征税过程实施监控，监控对象主要包括两个部分，一是税收对象是否有所遗漏，如是否存在某些个人或单位采用不正当的手段躲避征税。二是是否存在权力与资本的勾结从而导致的征税损失。实际上，收入和税收在某种条件下处于征税体系的对立面，一些掌握权力的个人，可能会利用同资本团体的合作，从而增加双方的隐性收入。针对这种现象，税务人员要多角度全方位地了解相关个人或单位的收入情况，并应用高科技税源监控信息技术对他们的收入状况进行即时的跟踪和分析。同时，积极同银行、证券交易组织等金融机构建立联合数据网络，从而更真实、更全面地了解相关财务信息。实际上，通过制度、网络和信息三方相互嵌入的体系，税务机关的数据可以及时与银行系统的数据进行共享，从而确保了对个人所得税纳税行为的实时监控。另外，公民的个人信用体系也需在一个严密的数据记录模式体系下得到构建。在进行税源监控的过程中，存在一个关键的流程环节就是将隐性的现金交易控制转变为显性的线上资金交易，只有这样，个人或企业的交易行为和财政变动才能被真实地记录，该操作需要得到税务、海关、银行和工商部门的通力合作。此外，税源监控应避免避重就轻的处置思维，针对一些恶性偷税逃税行为要予以严肃处置，而对于中小企业的商品贸易税收要控制在合理的管理尺度内，避免征税制度过于严苛而影响企业的生存和发展。在税款征收环节上，要基于正确的治税观念处理好税收计划和依法治税的关系。税务稽查和处罚环节，要通过加强税务稽查提高目前偷逃税的查处力度与惩罚强度；在税务稽查的实际应用方面，可以考虑推广网络信息化；对超出限度的税收犯罪行为，必须对其追究刑事责任。

# 参考文献

［1］安体富:《中国中长期税制改革研究》,《经济研究参考》2010年第6期。

［2］安体富、林鲁宁:《宏观税负实证分析与税收政策取向》,《经济理论与经济管理》2002年第5期。

［3］安毅:《我国中长期税制改革研究》,《税务研究》2010年第10期。

［4］白重恩、钱震杰:《谁在挤占居民的收入——中国国民收入分配格局分析》,《中国社会科学》2009年第5期。

［5］班元春:《我国结构性减税刺激居民消费问题研究》,硕士学位论文,辽宁大学,2013年。

［6］曹建海:《新型工业化进程中投资与消费的关联》,《重庆社会科学》2011年第8期。

［7］昌炜:《市场化进程与税制结构变动》,《世界经济》2004年第11期。

［8］陈共、匡小平:《论适应经济结构变化的税制结构》,《当代财经》2001年第3期。

［9］陈建东、夏柱兵:《二次分配对城镇居民收入差距的调节效果分析——基于2007—2010年安徽省城镇住户调查数据》,《经济理论与经济管理》2011年第9期。

［10］陈建宁:《社会保障对收入差距调节的困境及对策》,《保险研究》2010年第12期。

［11］陈娟娟:《提高居民消费水平的税收政策研究》,硕士学位论文,广东外语外贸大学,2015年。

［12］程娟、肖永梅：《增值税转型对我国微观经济的影响》，《华东经济管理》2010 年第 1 期。

［13］储德银：《财政政策促进居民消费的作用机理与影响效应研究》，博士学位论文，东北财经大学，2011 年。

［14］储德银、吕炜：《我国税制结构对价格水平变动具有结构效应吗》，《经济学家》2016 年第 1 期。

［15］储德银、闫伟：《税收政策与居民消费需求——基于结构效应视角的新思考》，《经济理论与经济管理》2012 年第 3 期。

［16］崔静：《浅析收入差距与经济增长的关系及对策》，《科技情报开发与经济》2011 年第 5 期。

［17］崔治文、王蓓、管芹芹：《我国税收结构与经济增长关系的实证检验》，《涉外税务》2010 年第 6 期。

［18］代灵敏：《中国税制优化研究》，博士学位论文，西南财经大学，2014 年。

［19］戴薇：《收入差距的成因以及对我国居民消费率的影响》，硕士学位论文，湘潭大学，2010 年。

［20］邓春宁：《不确定性预期与居民消费需求——中国的经验证据》，《西安财经学院学报》2011 年第 1 期。

［21］邓子基：《税种结构研究》，中国税务出版社 2000 年版。

［22］丁正智、韩晓琴：《税制优化战略选择：构建双型税制结构》，《税务与经济》2005 年第 4 期。

［23］樊丽明：《税收调控研究》，经济科学出版社 2000 年版。

［24］范剑平：《居民消费与中国经济发展》，中国计划出版社 2000 年版。

［25］范竹青：《我国结构性减税的效应评析：以福建省为例》，《税务研究》2013 年第 2 期。

［26］方福前：《中国居民消费需求不足原因研究——基于中国城乡分省数据》，《中国社会科学》2009 年第 2 期。

［27］高培勇：《当前经济形势与 2012 年财政政策》，《财贸经济》2012 年第 3 期。

[28] 高培勇：《由适应市场经济体制到匹配国家治理体系——关于新一轮财税体制改革基本取向的讨论》，《财贸经济》2014 年第 3 期。

[29] 谷成：《基于收入分配的税收政策选择》，《社会科学战线》2010 年第 11 期。

[30] 郭庆旺、赵志耘：《论抑制通货膨胀的税收政策》，《经济研究》1994 年第 10 期。

[31] 国家计委经济研究所课题组：《实施结构性税收政策调整——促进经济增长和结构转换》，《经济研究参考》2002 年第 8 期。

[32] 国家税务总局课题组：《借鉴国际经验进一步优化中国中长期税制结构》，《财政研究》2009 年第 5 期。

[33] 韩飞：《国民收入分配与中国消费需求不足——理论机制与实证检验》，硕士学位论文，中南大学，2014 年。

[34] 韩仁月、常世旺：《扩大内需：调整税制结构还是减税》，《税务研究》2009 年第 3 期。

[35] 行伟波：《关于增值税的理论研究与实证分析》，《中央财经大学学报》2007 年第 3 期。

[36] 郝春虹：《我国现行税制结构考察：兼论现行流转税的累退性》，《财政研究》2006 年第 1 期。

[37] 侯艳蕾：《税制结构分析与我国税制结构选择》，《金融教学与研究》2006 年第 5 期。

[38] 胡雅莉：《构建扩大消费需求的长效机制研究》，硕士学位论文，湖南师范大学，2014 年。

[39] 胡雅梅：《中国居民消费倾向问题研究》，博士学位论文，中共中央党校，2013 年。

[40] 黄国龙：《论人口消费红利：成因、依据及对策》，《宏观经济研究》2011 年第 10 期。

[41] 黄露露：《促进居民消费的税收政策研究》，硕士学位论文，苏州大学，2012 年。

[42] 黄潇：《房产税调节收入分配的机理、条件与改革方向》，《西

部论坛》2014 年第 1 期。

［43］黄赜琳、朱保华：《中国的实际经济周期与税收政策效应》，《经济研究》2015 年第 3 期。

［44］纪志明：《税制结构与经济增长关系的经验分析》，《企业经济》2004 年第 11 期。

［45］贾康、程瑜：《论"十二五"时期的税制改革——兼谈对结构性减税与结构性增税的认识》，《税务研究》2011 年第 1 期。

［46］贾康、程瑜：《新一轮税制改革的取向、重点与实现路径》，《中国税务》2014 年第 1 期。

［47］江苏省税务学会课题组：《促进就业的税收政策调整思路》，《税务研究》2005 年第 2 期。

［48］姜昊：《中国税制累进程度研究》，硕士学位论文，内蒙古财经大学，2012 年。

［49］金振宇：《我国居民的收入分配及其对消费的影响研究》，博士学位论文，吉林大学，2011 年。

［50］康桂芬：《加快分配结构调整 扩大消费需求 促进经济发展方式转变》，《长春市委党校学报》2010 年第 6 期。

［51］柯建飞：《我国交叉上市公司经营绩效研究》，《哈尔滨商业大学学报》（社会科学版）2011 年第 5 期。

［52］孔静芬、郑旋：《提高我国最终消费率的对策》，《经济纵横》2008 年第 6 期。

［53］李建军：《税收征管是税收收入高速增长的原因吗》，《税务与经济》2013 年第 2 期。

［54］李建军：《个人所得税征管效率：理论与实证分析》，《经济科学》2013 年第 4 期。

［55］李建军、张雯、余喆杨：《地方税收效率及公平性实证研究》，《中南财经政法大学学报》2011 年第 5 期。

［56］李俊英、苏建：《经济结构调整视角下的结构性减税政策》，《税务研究》2013 年第 2 期。

［57］李林木、汤群群：《1994 年税制改革以来我国直接税的收入分

配效应》,《税务研究》2010 年第 3 期。

[58] 李普亮、贾卫丽:《税收负担挤出了居民消费吗?——基于中国省级面板数据的实证研究》,《经济学家》2013 年第 6 期。

[59] 李普亮、郑旭东:《税收负担、财政民生投入与城镇居民消费》,《税务与经济》2014 年第 1 期。

[60] 李绍荣、耿莹:《中国的税收结构、经济增长与收入分配》,《经济研究》2005 年第 5 期。

[61] 李时宇、郭庆旺:《税收对居民收入分配的影响:文献综述》,《财经问题研究》2014 年第 1 期。

[62] 李曦:《中国现阶段税制结构合理性判别与优化研究》,博士学位论文,浙江大学,2012 年。

[63] 李颖:《基于我国内需结构失衡的财政货币政策协调配合研究》,博士学位论文,天津财经大学,2009 年。

[64] 李颖:《最终消费率及结构变化的中外比较和启示》,《山东经济》2011 年第 9 期。

[65] 廖信林、吴友群、王立勇:《宏观税负、税制结构调整对居民消费的影响:理论与实证分析》,《财经论丛》2015 年第 6 期。

[66] 刘传宝:《促进收入公平分配的税收政策建议》,《税务研究》2011 年第 1 期。

[67] 刘东皇:《启动居民消费促进我国经济增长模式转型探析》,《中央财经大学学报》2010 年第 6 期。

[68] 刘惯超:《是什么抑制了中国的消费需求》,《经济学家》2010 年第 11 期。

[69] 刘建民、毛军、王蓓:《税收政策影响居民消费水平的区域效应研究——基于省级面板数据的分位数回归分析》,《财经理论与实践》2015 年第 3 期。

[70] 刘军:《我国税制结构、税收负担与经济增长的实证分析》,《财政研究》2006 年第 2 期。

[71] 刘强:《谁挤占了消费需求:教育医疗住房三大支出负担过重》,《中国国情国力》2006 年第 10 期。

[72] 刘溶沧、马栓友：《论税收与经济增长——对中国劳动、资本和消费征税的效应分析》，《中国社会科学》2002 年第 1 期。

[73] 刘树杰、王蕴：《合理调整国民收入分配格局研究》，《宏观经济研究》2009 年第 12 期。

[74] 刘怡、聂海峰：《间接税负担对收入分配的影响分析》，《经济研究》2004 年第 5 期。

[75] 刘颖：《产业转型升级与税制优化问题研究——基于经济全球化的产业竞争力视角》，博士学位论文，江西财经大学，2014 年。

[76] 娄峰、李雪松：《中国城镇居民消费需求的动态实证分析》，《中国社会科学》2009 年第 3 期。

[77] 陆远权、张德纲：《民生财政、税制结构与城乡居民消费差距》，《经济问题探索》2015 年第 7 期。

[78] 罗楚亮：《经济转轨、不确定性与城镇居民消费行为》，《经济研究》2004 年第 4 期。

[79] 罗红：《优化我国税制结构的对策思考——基于调整直接税间接税的分析》，《安徽农业大学学报》（社会科学版）2011 年第 6 期。

[80] 罗美娟、黄丽君：《宏观税负与我国地下经济的关系研究》，《财政研究》2014 年第 1 期。

[81] 罗美娟、黄丽君：《拉弗最适税率及其应用》，《税务研究》2015 年第 7 期。

[82] 罗晰文：《西方消费理论发展演变研究》，博士学位论文，东北财经大学，2014 年。

[83] 吕冰洋、台航：《结构性减税的着力点》，《税务研究》2012 年第 5 期。

[84] 吕冰洋、毛杰：《高投资、低消费的财政基础》，《经济研究》2014 年第 5 期。

[85] 吕冰洋、禹奎：《我国税收负担的走势与国民收入分配格局的变动》，《财贸经济》2009 年第 3 期。

[86] 马海涛、段琦：《"供给侧"财政改革背景下的税制重构——基

于直接税和间接税相对关系的角度》,《苏州大学学报》2016 年第 3 期。

[87] 马强:《我国居民消费需求不足的成因与对策》,《宏观经济管理》2004 年第 5 期。

[88] 聂海峰、刘怡:《城镇居民间接税负担的演变》,《经济学》(季刊) 2010 年第 7 期。

[89] 聂海峰、岳希明:《间接税归宿对城乡居民收入分配影响研究》,《经济学》(季刊) 2012 年第 10 期。

[90] 牛晓健、陶川:《乘法形式适应性预期计量模型的构建与应用——以人民币汇率预期对外汇贷款影响的实证研究》,《统计研究》2009 年第 6 期。

[91] 欧阳俊、刘建民、秦宛顺:《居民消费流动性约束的实证分析》,《经济科学》2003 年第 5 期。

[92] 庞凤喜:《税收原理与中国税制》,中国财政经济出版社 2006 年版。

[93] 彭友山、王亮、郭平、洪源:《刺激我国居民消费需求有效增长的税收政策研究》,《湖南社会科学》2009 年第 6 期。

[94] 祁京梅:《我国消费需求趋势研究及实证分析探索》,中国经济出版社 2008 年版。

[95] 任龙洋:《税制结构优化的宏观经济效应研究》,硕士学位论文,山东大学,2014 年。

[96] 任明东:《促进经济发展方式转变的财政政策研究》,博士学位论文,东北财经大学,2013 年。

[97] 申嫦娥:《中国的经济增长、需求约束与税收结构》,《税务与经济》2006 年第 6 期。

[98] 申朴、刘康兵:《中国城镇居民消费行为过度敏感性的经验分析:兼论不确定性、流动性约束与利率》,《世界经济》2003 年第 1 期。

[99] 石柱鲜、刘俊生、吴泰岳:《我国政府支出对居民消费的挤出效应分析》,《学习与探索》2005 年第 6 期。

［100］ 石柱鲜、张晓芳、黄红梅：《间接税对我国行业产出和居民收入的影响——基于 CGE 模型的分析》，《吉林大学社会科学学报》2011 年第 2 期。

［101］ 孙琳、汤蛟伶：《税制结构、"财政幻觉" 和政府规模膨胀》，《中央财经大学学报》2010 年第 11 期。

［102］ 孙新宇：《扩大我国居民消费需求的税收政策研究》，硕士学位论文，山东大学，2014 年。

［103］ 孙彦彦、韩仁月：《结构性减税的经济效应分析——基于经济增长的视角》，《价格理论与实践》2012 年第 12 期。

［104］ 孙智勇、刘星：《基于关联规则挖掘方法的结构性减税实证研究》，《重庆大学学报》（社会科学版）2010 年第 1 期。

［105］ 谭光荣、刘钊：《结构性减税背景下税制调整与居民消费》，《财经理论与实践》（双月刊）2015 年第 7 期。

［106］ 谭军、刘巍巍：《税收政策对居民消费影响的实证分析》，《统计与决策》2012 年第 8 期。

［107］ 谭荣华、温磊、葛静：《从重庆、上海房产税改革试点看我国房地产税制改革》，《税务研究》2013 年第 2 期。

［108］ 唐未兵、刘巍：《论建立扩大消费需求的长效机制》，《消费经济》2010 年第 6 期。

［109］ 陶学荣、史玲：《我国结构性减税的空间与可行性分析》，《财经理论与实践》2002 年第 3 期。

［110］ 童锦治、黄克珑：《我国经济需求结构协调发展的税制结构优化研究》，《当代财经》2014 年第 7 期。

［111］ 汪浩：《最优流转税与超额负担》，《南开经济研究》2009 年第 2 期。

［112］ 王斌：《我国税制结构现状及改革模式的选择分析》，《阜阳师范学院学报》（社会科学版）2004 年第 5 期。

［113］ 王波：《中国扩大个人消费需求长效机制的研究》，博士学位论文，辽宁大学，2014 年。

［114］ 王晨：《缩小收入分配差距的税制结构优化研究》，硕士学位

论文，浙江财经大学，2013 年。

[115] 王诚尧：《国家税收教程》，中国财政经济出版社 1995 年版。

[116] 王春雷：《间接税对 CPI 的影响——基于 VAR 模型的实证分析》，《税务研究》2011 年第 11 期。

[117] 王定娟：《我国税制结构优化的若干问题探析》，硕士学位论文，华中科技大学，2006 年。

[118] 王冬梅：《我国收入分配对消费需求的影响》，硕士学位论文，山西财经大学，2011 年。

[119] 王海燕：《我国税制模式选择》，《合作经济与科技》2007 年第 4 期。

[120] 王剑锋：《流转税影响个人收入分配调节的分析研究——以我国城镇居民支出结构为考察基础》，《财经研究》2004 年第 7 期。

[121] 王静：《消费环境产生的不确定性预期及其对农村居民消费行为的影响研究》，《财政监督》2012 年第 1 期。

[122] 王亮：《我国流转税与所得税最优比例关系的实证分析》，《财贸研究》2004 年第 5 期。

[123] 王敏：《中国城乡居民收入差距对消费需求影响研究》，博士学位论文，辽宁大学，2011 年。

[124] 王鹏、王灿华：《基于适应性预期的房地产价格驱动因素分析》，《财贸研究》2012 年第 4 期。

[125] 王启云：《改善消费预期促进消费和谐》，《消费经济》2007 年第 2 期。

[126] 王乔、汪柱旺：《我国现行税制结构影响居民收入分配差距的实证分析》，《当代财经》2008 年第 2 期。

[127] 王乔、伍红：《内外部经济失衡下我国税制改革取向》，《当代财经》2013 年第 2 期。

[128] 王维国、杨晓华：《中国税收负担与经济增长关系的计量分析》，《财经问题研究》2006 年第 11 期。

[129] 王曦、张亚云、戴倩芸：《我国居民消费率状况及宏观消费政

策探讨》,《商业经济研究》2016 年第 1 期。

[130] 王晓策:《中国经济发展的内需结构失衡问题研究》,博士学位论文,吉林大学,2012 年。

[131] 王亚芬、肖晓飞、高铁梅:《我国收入分配差距及个人所得税调节作用的实证分析》,《财贸经济》2007 年第 4 期。

[132] 王智煊、邓力平:《税制结构优化与我国消费增长》,《税务研究》2015 年第 9 期。

[133] 韦森:《推高 CPI 的链条》,《新理财》(政府理财)2011 年第 7 期。

[134] 闻媛:《我国税制结构对居民收入分配影响的分析与思考》,《经济理论与经济管理》2009 年第 4 期。

[135] 吴练达、甘晗:《经济质量指标与中国经济奇迹实证分析》,《天津商业大学学报》2011 年第 5 期。

[136] 吴珊:《物价水平与城镇居民消费支出动态关系的实证研究》,硕士学位论文,浙江工商大学,2013 年。

[137] 吴晓明、吴栋:《我国城镇居民平均消费倾向与收入分配状况关系的实证研究》,《数量经济技术经济研究》2007 年第 5 期。

[138] 吴玉霞:《中国税收结构的经济增长效应研究——基于省级面板数据的统计分析》,博士学位论文,天津财经大学,2009 年。

[139] 吴云飞:《我国个人收入分配税收调控研究》,复旦大学出版社 2001 年版。

[140] 武彦民、张远:《我国财税政策与居民消费的实证分析》,《税务研究》2011 年第 2 期。

[141] 席卫群:《论扩大居民消费的税收效应——税收对居民消费作用的研究评述》,《消费经济》2011 年第 12 期。

[142] 席卫群:《税收对居民消费影响的调查与分析》,《税务研究》2013 年第 5 期。

[143] 席卫群:《并立型分类综合个人所得税制设计》,《涉外税务》2009 年第 1 期。

[144] 辛虹:《现代西方消费函数理论前沿与我国相关应用实践研究——基于经济收入与消费关系》,《商业时代》2012 年第 10 期。

[145] 辛小莉:《扩大居民消费需求的税收政策选择》,《税务与经济》2009 年第 2 期。

[146] 熊鹭:《对我国税收与价格动态影响关系的实证分析》,《税务研究》2011 年第 6 期。

[147] 徐光远、李鹏飞:《中国货币政策经济增长效应差异及其影响因素——基于区域及省际视角的分析》,《湖南农业大学学报》(社会科学版) 2016 年第 2 期。

[148] 许建标:《我国税制改革试点评价及前景思考》,《税务研究》2016 年第 1 期。

[149] 许生、张霞:《建立与税制改革相适应的税收调控政策机制——对结构性减税政策的评价、反思与建议》,《财政研究》2016 年第 9 期。

[150] 许永兵:《消费行为与经济增长》,中国社会科学出版社 2007 年版。

[151] 严先溥:《中国消费市场运行现状与发展趋势分析》,《金融与经济》2006 年第 2 期。

[152] 彦民、张远:《我国财税政策与居民消费的实证分析》,《税务研究》2011 年第 2 期。

[153] 燕洪国:《论税收调节收入分配的作用空间与局限性》,《涉外税务》2010 年第 6 期。

[154] 杨斌:《税收学》,科学出版社 2003 年版。

[155] 杨冰:《居民收入与消费关系的统计分析及对策》,《北方经济》2008 年第 8 期。

[156] 杨凡、李慧文:《税制结构的制约因素和我国税制结构的选择》,《太原理工大学学报》(社会科学版) 2005 年第 4 期。

[157] 杨天宇、侯圮松:《收入再分配对我国居民总消费需求的扩张效应》,《经济学家》2009 年第 9 期。

［158］ 杨天宇、柳晓霞：《满足消费最大化的最优居民收入差距研究》，《经济学家》2008 年第 1 期。

［159］ 杨圆圆：《"土地财政"规模估算及影响因素研究》，《财贸经济》2010 年第 10 期。

［160］ 杨志勇：《中国物价虚高内幕：间接税在作怪》，《人民论坛》2011 年第 9 期。

［161］ 姚稼强：《扩大国内消费需求的税收政策建议》，《税务研究》2010 年第 1 期。

［162］ 姚丽芬、刘爱英、龙如银：《基于中国城镇化水平和居民收入间均衡关系之验证》，《天津财经大学学报》2010 年第 12 期。

［163］ 叶文奇、王韬、肖凯乐：《提高直接税比重促进经济健康发展》，《税务研究》2014 年第 6 期。

［164］ 叶子荣：《税收分配与税制结构研究》，西南财经大学出版社 1997 年版。

［165］ 余红艳、沈坤荣：《税制结构的经济增长绩效——基于分税制改革 20 年实证分析》，《财贸研究》2016 年第 2 期。

［166］ 袁振宇、朱青、何乘才、高培勇：《税收经济学》，中国人民大学出版社 1995 年版。

［167］ 岳树民：《中国税制优化的理论分析》，中国人民大学出版社 2003 年版。

［168］ 曾国安、胡晶晶：《论 20 世纪 70 年代末以来中国城乡居民收入差距的变化及其对城乡居民消费水平的影响》，《经济评论》2008 年第 1 期。

［169］ 曾国祥：《税收学》，中国税务出版社 2000 年版。

［170］ 张斌：《扩大消费需求与税制结构调整》，《涉外税务》2011 年第 6 期。

［171］ 张海星：《中国税收与政府投资对 CPI 影响的动态分析》，《税务研究》2012 年第 5 期。

［172］ 张俊伦：《试析税收与价格的影响关系》，《审计与经济研究》2001 年第 7 期。

［173］张莉、林与川：《实验研究中的调节变量和中介变量》，《管理科学》2011 年第 2 期。

［174］张维迎：《詹姆斯·莫里斯论文精选：非对称信息下的激励理论》，商务印书馆 1998 年版。

［175］张文彤：《SPSS 统计分析高级教程》，高等教育出版社 2004 年版。

［176］张晓林、靳共元：《我国税制结构与居民消费的实证分析与思考》，《中国城市经济》2010 年第 5 期。

［177］张阳：《中国企业所得税税负归宿的一般均衡分析》，《数量经济技术经济研究》2008 年第 4 期。

［178］张阳：《中国税收负担分布的实证分析》，《财贸经济》2008 年第 6 期。

［179］张颖丹、段林春：《收入分配视角下的中国经济发展》，《经济研究导刊》2010 年第 8 期。

［180］张颖熙、柳欣：《刺激国内消费需求增长的财政政策效应分析》，《财经科学》2007 年第 9 期。

［181］赵云峰：《我国税收政策对消费需求影响的结构异质性研究》，《生产力研究》2015 年第 1 期。

［182］赵志耘、杨朝峰：《经济增长与税收负担、税制结构关系的脉冲响应分析》，《财经问题研究》2010 年第 1 期。

［183］郑延智、黄顺春：《劳动者报酬、收入分配与居民消费——基于江西省的实证研究》，《地方财政研究》2012 年第 8 期。

［184］郑幼锋：《促进消费的税收政策研究》，《税务与经济》2009 年第 5 期。

［185］中国人民大学课题组：《扩大农民消费问题研究》，《经济研究参考》2009 年第 8 期。

［186］周克清：《税制结构与居民消费关系的实证研究》，《消费经济》2012 年第 5 期。

［187］周文兴、林新朗：《经济适用房投资额与商品房价格的动态关系》，《技术经济》2011 年第 1 期。

［188］ 朱国林、范建勇、严燕：《中国的消费不振与收入分配：理论和根据》，《经济研究》2002 年第 5 期。

［189］ 朱吉玉：《扩大内需是当前我国经济发展的必然选择》，《宜宾学院学报》2013 年第 2 期。

［190］ 朱孟晓：《我国居民消费倾向变化及原因研究》，博士学位论文，山东大学，2010 年。

［191］ A. Deaton, "Saving and Liquidity Constraints", *Econometrica*, Vol. 59, No. 2, 1991.

［192］ A. Decoster, K. De Swerdt and G. Verbist, "Indirect Taxes and Social Policy: Distributional Impact of Alternative Financing of Social Security", *Ssrn Electronic Journal*, 2007.

［193］ Alessandra Guariglia and Sandra Poneet, "Could Financial Distortions be no Impediment to Economic Growth after all? Evidence from China", *Journal of Comparative Economies*, Vol. 12, 2007.

［194］ Andrew B. Lyon and Robert M. Schwab, "Consumption Taxes in a Life – Cycle Framework: Are Sin Taxes Regressive", *Review of Economics and Statistics*, Vol. 77, No. 3, 1995.

［195］ Bibek Adhikari and James Alm, "Evaluating the Economic Effects of Flat Tax Reform Using Synthetic Control Methods", *Southern Economic Journal*, Vol. 10, 2016.

［196］ Branko Milanovic, "Do More Unequal Countries Redistribute More? Does the Media Voter Hypothesis Hold?", *Policy Research Working Paper*, No. 2264, 1999.

［197］ C. A. Sims, "A Simple Model for the Determination of the Price Level and the Interaction of Monetary and Fiscal Policy", *Economic Theory*, Vol. 4, No. 3, 1994.

［198］ D. Fullerton, "Why Have Separate Environmental Taxes", *Tax Policy and the Economy*, Vol. 10, 1996.

［199］ D. Xie, "On Time Inconsistency: A Technical Issue in Stackelberg Differential Games", *B. e. Journal of Theoretical Economic*,

Vol. 76, No. 1, 1997.

[200] David B. McCalmont, "Differential Taxation of Site Values and Structures", *Southern Economic Journal*, Vol. 43, No. 1, 2001.

[201] David Madden, "An Analysis of Indirect Tax Reform in Ireland in the 1980s", *Fiscal Studies*, Vol. 16, No. 1, 1995.

[202] De Bonis, "International Tax Coordination: Indirect Taxation", *International Economics*, Vol. 52, No. 3, 1999.

[203] Denvil Duncan and Klara Sabirianova Peter, "Tax Progressivity and Income Inequality", *Ssrn Electronic Journal*, No. 6, 2008.

[204] Don Fullerton and Diane Lim Rogers, *Who Bears the Lifetime Tax Burden*, Washington D. C. : Brookings Institution, 1993.

[205] E. G. Mendoza, A. Razin and L. L. Tesar, "Effective Tax Rate in Macroeconomics: Cross – country Estimates of Tax Rates on Factor Income and Consumption", *Journal of Monetary Economics*, Vol. 34, No. 3, 1994.

[206] Emmanuel Saez, "Direct or Indirect Tax Instruments for Redistribution: Short – run versus Long – run", *Journal of Public Economics*, Vol. 88, No. 3 – 4, 2004.

[207] Emmanuel Saez, "Using Elasticities to Derive Optimal Income Tax Rates", *Review of Economic Studies*, Vol. 68, No. 1, 2001.

[208] Eric M. Zolt and R. M. Bard, "Redistribution Via Taxation: The Limited Role of Personal Income Tax in Developing Countries", *Social Science Electronic Publishing*, Vol. 52, No. 6, 2005.

[209] EricToder, Jim Nunns and Joseph Rosenberg, "Using a VAT to Reform the Income Tax", Tax Policy Center, Vol. 52, No. 1, 2012.

[210] ES Lieberman, "National Political Community and the Politics of Income Taxation in Brazil and South Africa in the Twentieth Century", *Politics & Society*, Vol. 29, No. 4, 2001.

[211] F. Modigliani and R. Brumberg, *Utility Analysis and the Consumption Function*, New Brunswick: Rutgers University Press, 1954.

[212] F. Widmalm, "Tax Structure and Growth: Are Some Taxes Better Than Others?", *Public Choice*, Vol. 107, No. 3, 2001.

[213] Fitzroy A. Lee, "Imperfect Competition and Indirect Tax Structure in a Deregulated Telecommunications Sector", *Public Finance Review*, Vol. 29, No. 6, 2001.

[214] Gilbert E. Metcalf, "A Distributional Analysis of Green Tax Reforms", *National Tax Journal*, Vol. 52, No. 4, 1999.

[215] Gilbert E. Metcalf, "Life Cycle versus Annual Perspectives on the Incidence of a Value Added Tax", T*ax Policy and the Economy*, Vol. 8, 1994.

[216] Gilbert EMetcalf, *The Lifetime Incidence of State and Local Taxes: Measuring Changes During the* 1980*s*, Cambridge: Cambridge University Press, 1994.

[217] H . Davootli and H. F. Zou, "Fiscal Decentralization and Economics Growth: A Cross - country Study", *Journal of Urban Economics*, Vol. 43, No. 2, 1997.

[218] J. Branson and C. A. K. Lovell, "A Growth Maximizing Tax Structure for New Zealand", *International Tax and Public Finance*, Vol. 8, No. 2, 2001.

[219] J. Creedy, "Indirect Tax Reforms in Australia: The Welfare Effects on Different Demographic Groups", *Australian Economic Papers*, Vol. 38, No. 4, 1999.

[220] James Alm, "What Is an 'Optimal' Tax System?", *National Tax Journal*, Vol. 49, No. 1, 1996.

[221] James Alm and Asmaa El - Ganainy, "Value - added Taxation and Consumption", *International Tax and Public Finance*, Vol. 20, No. 1, 2013.

[222] Jenny De Freitas, "Inequality, the Politics of Redistribution and the Tax Mix", *Public Choice*, Vol. 151, No. 3, 2012.

[223] J. H. Cochrane, "Long - term Debt and Optimal Policy in the Fiscal

Theory of the Price Level", *Econometrica*, Vol. 69, No. 1, 2001.

[224] John Creedy and N. Gemmell, "The Income Elasticity of Tax Revenue: Estimates for Income and Consumption Taxes in the United Kingdom", *Fiscal Studies*, Vol. 25, No. 1, 2004.

[225] John Maynard Keynes, *The General Theory of Employment Interest and Money*, Cambridge: Macmillan Cambridge University Press, 1936.

[226] K. Kim, P. J. Lambert, "Redistributive Effect of U. S. Taxes and Public Transfers: 1994 – 2004", *Public Finance Review*, Vol. 37, No. 1, 2009.

[227] Kevin Hassett, Aparna Mathur and Gilbert E. Metcalf, "The Incidence of U. S. Carbon Tax: A Lifetime and Regional Analysis", *Energy Journal*, Vol. 2, 2009.

[228] L. Cameron and J. Creedy, "Indirect Tax Exemptions and the Distribution of Lifetime Income: A Simulation Analysis", *Economic Record*, Vol. 71, No. 1, 1995.

[229] L. L. Wilbur, "Welfare and Optimum Dynamic Taxation of Consumption and Income", *Journal of Public Economics*, Vol. 76, No. 1, 2000.

[230] M. Flavin, "The Excess Smoothness of Consumption: Identification and Estimation", *Review of Economic Studies*, Vol. 60, No. 3, 1993.

[231] M. Woodford, "Fiscal Requirement for Price Stability", *Journal of Money Credit & Banking*, Vol. 33, No. 3, 2001.

[232] Michael Bleaney, Norman Gemmel and R. Kneller, "Testing the Endogenous Growth Model: Public Expenditure, Taxation, and Growth over the Long Run", *Canadian Journal of Economics*, Vol. 34, No. 1, 2001.

[233] Michael Keen, Sajallahiri and Pascalis Raimondos Moller, "Tax Principles and Tax Harmonization under Imperfect Competition:

Cautionary Example", *European Economic Review*, Vol. 46, No. 8, 2002.

[234] Milton Friedman, *A Theory of the Consumption Function*, Princeton: Princeton Press, 1957.

[235] N. Gemmell, O. Morrissey and A Pinar, "Tax Perceptions and Preferences over Tax Structure in the United Kingdom", *The Economic Journal*, Vol. 114, No. 493, 2004.

[236] N. Gemmell, O. Morrissey and A. Pinar, "Taxation, Fiscal Illusion and the Demand for Government Expenditures in The UK: A Time – series Analysis", *European Journal of Political Economy*, Vol. 15, 1999.

[237] N. A. Warren, "Australian Tax Incidence in 1975 – 1976: Some Preliminary Results", *Australian Economic Review*, Vol. 12, No. 3, 1979.

[238] N. C. Kakwani, "Measurement of Tax Progressivity: An International Comparison", *Economic Journal*, Vol. 87, No. 345, 1977.

[239] Orazio Attanasio and Guglielmo Weber, "Is Consumption Growth Consistent with Intertemporal Optimization? Evidence from the Consumer Expenditure Survey", *Journal of Political Economy*, No. 9, 1995.

[240] P. Basu, "Tax Rate Uncertainty and the Sensitivity of Consumption to Income in an Overlapping Generations Model", *Journal of Economic Dynamics & Control*, Vol. 19, No. 1, 1995.

[241] P. Krusell, V. Quadrini and J. V. Rios – Rull, "Are Consumption Really Better Than Income Taxes?", *Journal of Monetary Economics*, Vol. 37, No. 3, 1996.

[242] P. Makdissi and Q. Wondon, "Consumption Dominance Curves: Testing for the Impact of Indirect Tax Reforms on Poverty", *Economics Letters*, Vol. 75, No. 2, 2002.

[243] Paolo Liberati, "The Distributional Effects of Indirect Tax Changes in Italy", *International Tax and Public Finance*, Vol. 8, No. 1, 2001.

[244] Paolo Liberati, "The Distributional Effects of Indirect Tax Changes in Italy", *International Tax and Public Finance*, Vol. 8, No. 1, 2001.

[245] Peter Birch Shrensen, "The Theory of Optimal Taxation: What is the Policy Relevance?", *International Tax and Public Finance*, Vol. 14, No. 4, 2007 (6).

[246] P. J. Lambert and J. R. Aronson, "Inequality Decomposition Analysis and the Gini Coefficient Revised", *Economic Journal*, Vol. 103, No. 9, 1993.

[247] Richard A. Musgrave, *The Theory of Public Finance: A Study in Public Economy*, New York: McGraw – Hill, 1959.

[248] R. M. Bird, "Threading The Fiscal Labyrinth: Some Issues in Fiscal Decentralization", *National Tax Journal*, Vol. 46, No. 2, 1993.

[249] Robert E. Hall, "Stochastic Implications of the Life Cycle – Permanent Income Hypothesis: Theory and Evidence", *Journal of Political Economy*, Vol. 86, No. 6, 1978.

[250] Rosanna Scutella, "The Final Incidence of Australian Indirect Taxes", *Australian Economic Review*, Vol. 32, No. 4, 1999.

[251] Rossella Bardazzi, Valentino Parisi and Maria Grazia Pazienza, "Modelling Direct and Indirect Taxes on Firms: a Policy Simulation", *Austrian Journal of Statistics*, Vol. 33, 2004.

[252] S. F. Koch, N. J. Schoeman and J. J. V. Tonder, "Economic Growth and the Structure of Taxes in South Africa: 1960 – 2002", *South African Journal of Economics*, Vol. 73, No. 2, 2005.

[253] S. J. Turnovsky and W. H. Fisher, "The Composition of Government Expenditure and Its Consequences for Macroeconomic Performance", *Journal of Economic Dynamics & Control*, Vol. 19, No. 4, 1995.

[254] Stefan Boeters, Christoph Bhringer, Thiess Büttner and Margit Kraus, "Economic Effects of VAT Reforms in Germany", *Applied Economics*, Vol. 42, No. 17, 2010.

[255] T. Piketty and E. Saze, "How Progress is the U. S. Federal Tax Sys-

tem? A Historical and International Perspective", *Journal of Economic Perspectives*, Vol. 21, No. 1, 2007.

[256] Thomas Robert Malthus, *Principles of Political Economy: Considered with a View to Their Practical Application*, London: Pickering, 1936.

[257] T. L. Huangerford, "The Redistributive Effect of Selected Federal Transfer and Tax Provisions", *Public Finance Review*, Vol. 38, No. 4, 2010.

[258] Tomer Blumkin, Bradley J. Ruffle and Yosef Ganun, "Are Income and Consumption Taxes Ever Really Equivalent? Evidence from a Real-effort Experiment with Real Goods", *European Economic Review*, Vol. 56, No. 6, 2012.

[259] Vidar Christiansen, "Which Commodity Taxes Should Supplement the Income Tax?", *Journal of Public Economics*, Vol. 24, No. 2, 1984.

[260] Vito Tanzi and Howell H. Zee, "Tax Policy for Emerging Markets Developing Countries", *International Monetary Fund*, Vol. 53, No. 2, 2000.

[261] W. E. Oates, "Fiscal Decentralization and Economic Development", *National Tax Journal*, Vol. 46, No. 2, 1993.

[262] Yang Zhou, "Tax Reform, Fiscal Decentralization, and Regional Economic Growth: New Evidence from China", *Economic Modeling*, Vol. 12, 2016.

# 后　记

　　本书是在我的博士学位论文的基础上整理而成。2010 年，我师从云南大学经济学院罗美娟教授，开始了我的财政学学习和研究之路。在攻读硕士和博士期间，我研究的兴趣点一直在财税理论方面，也跟随导师参与了她主持的一些课题，很多都是财税、政府经济方面的，甚至博士论文的题目最初也是来自导师的构想。作为个人的第一部专著，完成之际，激动之情难以言表。回顾这一程的求学路，感慨万千，记忆中既有挑灯夜战的辛苦，也有攻克问题的喜悦，更有对科研精神与责任的感悟，感谢这一切丰富了我的人生经历。正是因为身边有许多关心、支持我的老师、家人、朋友，我才能坚持并坚定科研之路。

　　首先，特别感谢我的导师罗美娟教授，从论文写作方向的确定、论文框架的确立到如何研究、撰写以及修改一直给我悉心、详细的指导。从硕士到博士阶段与罗老师相处的六年时间里，罗老师以渊博的知识、严谨的治学态度、深厚的学术功底、美好的人格魅力深深地影响着我，时常感慨自己真的是非常幸运才能成为罗老师的学生。在罗老师的谆谆教导和严格要求下，我的博士学习期间过得非常充实，她是值得我一生尊重、感谢与学习的人生导师。在本书即将出版之际，罗老师还在百忙之中欣然为本书撰写序言，恩重难谢！

　　自 2006 年高中毕业我一直在云南大学经济学院就读，本、硕、博十年，得到了郭树华、徐光远、施本植、张林、张荐华、蒋冠、马丹、娄峰、邓铭、赵斌、费宇等众多名师的悉心指导，他们丰富的学识与各自独特的风采使我受益匪浅，在此表示深深的谢意。在攻读博士学位期间，我有幸与程敏博士、陈晓博士、焦颖博士、霍强博士等诸位成为同窗挚友，也得到了王丹博士、金红丹博士、李隽博士等同门师兄师姐的很多帮助，在此对他们的支持与帮助表示感谢。

感谢云南财经大学、云南省经济社会大数据研究院的领导和同事们。大数据院为我提供了良好的科研硬件条件，李兴绪院长等领导与同事白涛珍、陈静思等老师也对我的研究工作给予了大力支持，云南财经大学财政与公共管理学院王敏院长、统计与数学学院向其凤老师等也对我的工作、生活给予了诸多照顾，在此一并表示感谢！

写作过程中，参阅了大量国内外学者的相关研究，尽我所能在参考文献中做了标注，但挂一漏万，疏漏之处敬请谅解。在此对学界的各位专家和学者表示敬意和感谢，他们前期的研究成果为我论文的写作奠定了丰厚的基础。

感谢云南省哲学社会科学规划办公室对本书的出版给予的资助，感谢中国社会科学出版社卢小生先生，他们的支持和帮助使本书的出版得以顺利进行。

最后，我要将特别的感谢与最深的挚爱献给我的家人！他们对我无限的包容与无私的关怀，是我渡过难关、勇往直前的精神支柱。父亲黄昭国、母亲凌红云用他们的辛劳与渐行渐老换取我的成长和发展，妹妹黄丽超、弟弟黄盛华永远无条件地相信我、陪伴我；先生李鹏飞在我的求学和工作过程中一直鼓励我、支持我、督促我，使我不断上进，爱子李曜涵活泼可爱又乖巧懂事，给我带来了无限的快乐，也减轻了我的压力。他们是我不断进取的动力。

本书付梓之际，我越来越深刻地认识到学问之路、科研之路才刚刚开始，与老师的要求和自己的目标相比，还有很长的路要走。本书只是自己一段时间学习的阶段性成果，不足与欠缺难免，恳切希望各位读者批评指正。人生有涯学无涯，我将以本书为新的起点，在研究路上继续前行。

黄丽君

2017 年 5 月于昆明